KB267404

불확실한 경계사회에서 위기의 본질을 찾다

위기는 타이밍이다

위기는 타이밍이다

손태영 지음

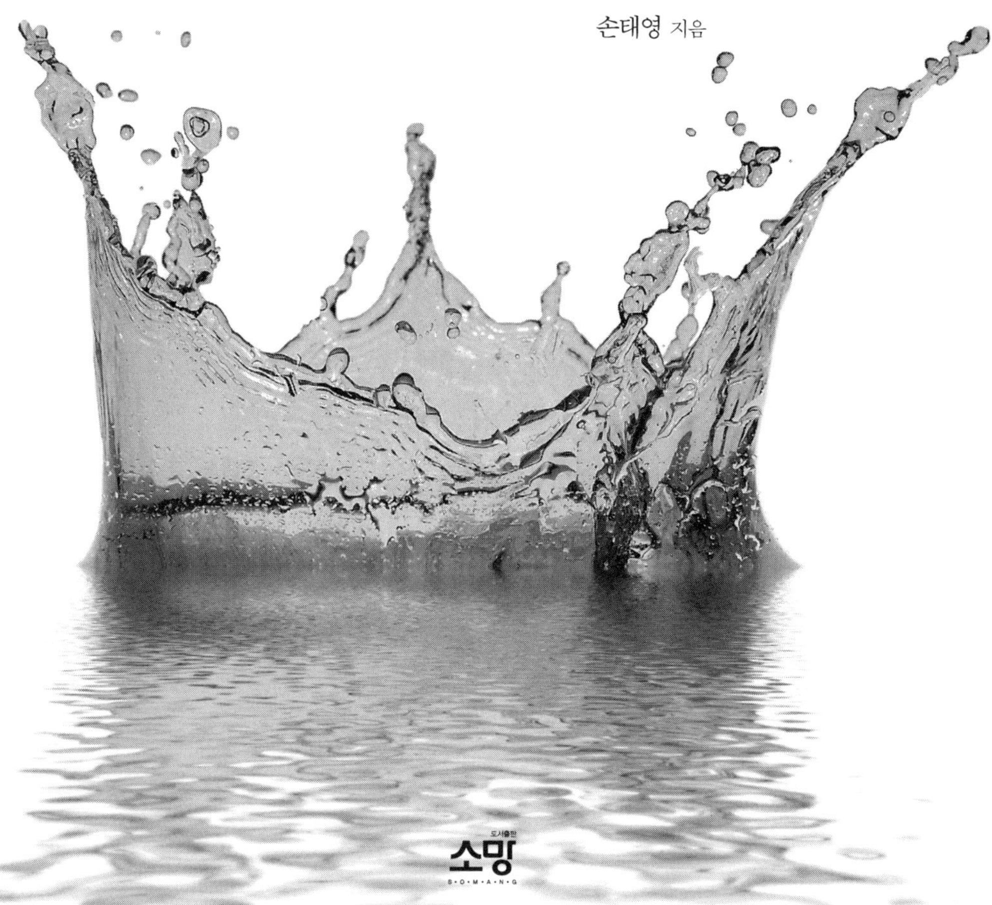

도서출판
소망
S·O·M·A·N·G

　　점점 복잡해지고 예측이 불가능한 불확실한 경계사회^{境界社會}에서 순진하게 사는 것이 착한 게 아니라 바보라는 소리를 듣게 되는 현실입니다. 이런 사회에서 걸음은 흔들려도 인생만은 똑바로 걸어가야겠다는 생각은 바보여서일까요. 커피 향처럼 누군가에게 어떤 향기가 되어 사용 가치가 있는 그런 사람이 되고 싶습니다.

　　제 글은 성공을 위한 삶보다 초라한 삶을 탈피하기 위해 몸부림을 친 흔적이 장마다 군데군데 잡초처럼 널려 있습니다. 몸에 고통이 있다면 곧바로 병원을 찾아 담당 의사를 만나야 최소한 원인을 알게 되고 고통을 해결할 수 있는 방법을 찾게 됩니다. 고통은 인간의 신경계에서 어떤 조치를 취하라는 신호입니다. 저는 지혜도 배움도 모자라 어떤 통증이 찾아와도 신호에 둔감해 수많은 기회를 잃었습니다.

　　삶 자체가 어쩌면 올바르게 제정신을 가지고 똑바로 걸어가며 살아가기가 녹록지 않고 어렵습니다. 삶에 피하기 어려운 유혹이 찾아올 때는 마음이 흔들리고 예상치 못한 정신적 고통의 어려움이 찾아올 때마다 그것을 극복해나가야 합니다. 인생은 어쩌면 자신의 모순을 하나씩 극복해나가며 고통을 이겨나가는 일련의 과정이라는 생각이 듭니다.

1956년 충주에서 태어나 3살 때 소아마비 후유증으로 다리를 절기 시작한 어린아이가 있습니다. 평생 똑바로 걸어볼 수 있기를 원했지만 왼쪽 다리가 약하고 짧아서 걸음은 언제나 흔들렸습니다. 남들처럼 똑바로 걷고 싶어 톱으로 왼쪽 다리를 썰어내고 의족을 하고 싶은 생각이 한두 번이 아니었습니다.

태어나 처음으로 술과 몸을 파는 소녀들 앞에서 자존심을 구기고 왼쪽 바지를 걷어 올려 가는 뼈와 가죽만 붙어 있는 앙상한 다리를 보여주며 보잘 것 없는 나의 인생과 작은 꿈에 대해 눈물로 대화를 나눈 적이 있습니다. 눈물을 흘리며 가치 있는 삶을 살아가겠다던 소녀들의 다부진 대답을 들으면서 나의 저는 다리도 때로는 가치가 있구나 생각했습니다.

23살 때까지 초등학교 졸업장이 없었습니다. 보통사람으로 살아가기에도 버거운 인생이었습니다. 이불 속에서 베개를 눈물로 수없이 적셔보았습니다. 눈물로는 해결되지 않았습니다. 삶 자체가 고통이었습니다. 고통의 나날을 보내다가 어느 날 생각을 바꿨습니다. 긍정적 사고로 똘똘 뭉쳐 몸부림치며 노력하였습니다. 그 결과, 흔들리는 다리가 버팀목이 되어 조그만 회사를 창업하여 20년간 운영하면서 대학과 기업 그리고 관공서에서 14년 이상 강의를 진행하고 있습니다.

비싼 진주가 없어졌을 때 그것을 찾기 위해 하나의 촛불이 필요하듯이 누군가에게 촛불이 되고 싶습니다.

누구나 한 번쯤 사랑하는 사람을 잃어본 적 있을 겁니다. 비록 사랑을 잃었지만 마음속에는 그 사람이 살고 있습니다. 유형은 사라지지만 본질적으로 무형은 사라지지 않기 때문입니다. 살면서 찾아오는 정신적 위기의 본질은, 사회를 이끄는 리더들이 말은 맞는데 행동은 달리 할 때 신뢰가 무너지고 신뢰의 격차가 커지면서 그 틈바구니로 위기의 싹은 올라오며 잡초처럼 자라납니다.

복잡하고 다양한 사회와 경제, 문화 요소들이 복합된 세상에서 신자유주의라는 이름으로 찾아오는 불확실한 경계사회(인류가 경험하지 못한 불확실한 지식정보사회 또는 전혀 새로운 문명의 사회, 사전적 의미로는 두 사회나 집단 사이에서 겹치는 사회)에 내가 살고 있습니다. 지금은 산업사회에서 정신적 표준이 되었던 공산주의, 사회주의, 민주주의, 자본주의 이념에 대한 모순이 가중되면서 가치관이 흔들리는 혼돈의 과정을 겪고 있습니다. 이러한 사회를 '불확실한 경계사회'라고 부르고 싶습니다. 새로운 세계가 열리는 경계지대에 서 있는 나는 어떤 이념과 가치관을 가지고 살아가야 할까요?

문명이 발전하고 지식의 수준은 올라가는데 인간에게 위기는 왜 올까요? 그 본질은 무엇일까요? 세상의 가치관이 왜곡되면서 현실은 뿌리가 썩은 나무처럼 바람이 불면 쉽게 쓰러집니다. 이러한 사회에서 우리는 어떠한 자세로 준비하고 대응하며 살아가야 할까요?

C·O·N·T·E·N·T·S

경계사회란 소속집단을 옮겼을 때 원래의 집단의 습관 또는 가치를 버리지 못하고, 새로운 집단에도 충분히 적응하지 못하는 사람들로 구성된 사회를 말한다. 급격한 사회변동이 올 때 새로운 변화가 뚜렷이 나타나기 전 중간단계의 사회를 말한다. 혹자는 최근 사회적 가치관의 혼란에 대해 아노미Anomie 현상을 예로 들고 있는데 사회적 혼란으로 인해 규범이 사라지고 가치관이 붕괴되면서 나타나는 사회적, 개인적 불안정 상태를 뜻하는 백과사전적인 말이다. 아노미 상태에 빠지면 삶의 가치와 목적의식을 잃고, 심한 무력감과 자포자기에 빠지며 심하면 자살하는 현상이 발생한다.

아노미 현상은 상황적 논리로 설명하면 아날로그사회와 디지털 정보사회에서 겹치는 사회다. 물리적인 사회는 대응할 수 있지만 비물질적 사회인 정신사회는 사회구성원들이 지니고 있던 정신적 가치관이 흔들리는 과정에서 혼란이 가중되고 그로인한 심리적, 물리적 행동이 나타난다. 이를테면 자살, 이혼, 재혼율의 급격한 증가와 출산율의 급격한 저하 등과 같은 현상이다. 경계지대에서 주변인이 되어 누구와도 진정으로 어울리지 못하고 믿지 못하는 불확실한 사회가 급격히 확산될 수 있다.

경계사회에서 주변인으로서 이루어지는 사회는 행동양식이 분명하지 못해 불확실성 사회에서 예측하지 못하는 행동패턴이 일어난다. 오랫동안 소속되었던 집단에서 다른 집단으로 옮겼을 때, 원래의 집단의 사고방식이나 행동양식을 금방 버릴 수 없고, 어느 집단에도 쉽게 어울리기 어려워 새로운 집단에도 충분히 적응되기 어려운 사회이다. 신체적 성질, 언어, 의복, 습관 등의 차이에서 발생한다.

지금 우리가 살고 있는 지식정보사회는 정의하기 아직 이르지만 아날로그와 디지털문명이 교차되는 격변기이면서 새로운 사회가 나타나기 전 전이轉移 중인 경계사회다. 기간이 10년이 될지 100년에 걸칠지는 예단하기 이르다. 분명한 것은 세계 각 문명과 문화가 복잡하고 예측하기 어려운 불확실한 사회를 예고하는 지표들이 보인다. 기후변화도 그렇지만 대기권 밖 우주에서 수만 대 이상 인공위성들이 지구를 둘러싸고 땅과 바다에서 일어나는 모든 것들을 읽고 재해석한다. 농업부문에서 대표적 노동집약적인 커피농장이 경쟁력이라는 명분 아래 인건비가 낮은 국가로 이동하는 것을 보면서 손바닥처럼 보며 읽을 수 있는 사이버 시장은 세계 각지에서 주문하면 현지에서 곧바로 소비자에게 전달되는 물류가 급격히 발달하고 있다.

그리고 돈의 흐름에서 숫자로 표기되는 이동을 어느 곳에서도 나타낼 수 있기 때문에 해외에서는 돈의 무국적화로 인한 물리적 공간을 넘는 일이 없어지면서 사이버 공간에서 국경이라는 개념이 사라졌다. 문화와 문명의 충돌에서 새로운 가치관을 정립하기 전에 중심을 잡아 줄 수 있는 철학이나 가치관이라는 신념의 부재현상이 나타난다. 정신적 공황을 맞이하면서 비어 있는 공간에 우울증과 자살 그리고 이혼과 재혼, 청소년들의 범죄율 증가 등과 같은 사회적 비용이 증가하면서 불확실한 경계사회에 서 있다.

아무도 예측하기 어려운 불확실한 경계사회에서 눈앞에 보이는 작은 이익을 포기하고 손해를 감수하고서라도 지켜내야 할 보편적 가치로 솔선수범하는 '정직'한 자세는 개인이나 사회 국가적 측면에서 사회적 비용을 줄일 수 있는 가장 확실한 방법이다. 왜냐하면 정직하지 못한 사회는 서로에 대한 불신으로 믿음이 없어지고 신뢰가 깨진 사회다. 신뢰를 얻기까지는 대가를 치러야 하는 회복비용이 클 수밖에 없다. 바꾸어 말하면 식당에서 불량재료나 유통기한이 지난 재료를 발견했다면 그날은 재료를 다 버리고 장사하지 않아야 하는데 눈앞의 이익을 위해 고객에게 음식을 판다면 예상치 못한 식중독으로 인해 병원 응급실로 가서 회복기간이 길어지거나 심해져서 사망에 이른다면 비윤리적 재앙이고 또한 치러야 할 대가가 재료값보다 더 크기 때문이다.

그런데도 불구하고 경계사회에서는 '학교에서 배운 원칙과 가치를 빨리 잊어버려야 사회생활을 잘 할 수 있다'라고 말하는 사람들이 점점 늘어나고 있다. 순진하면 사회생활 못하는 바보라는 소리를 듣는

다. 우리는 정직이라는 단어가 무엇을 뜻하는지 이론으로는 잘 알고
있다. 분명 칸막이 뒤에 보이지 않는 변화가 정상은 아니라는 것을 알
면서 우리는 밖으로는 '변화해야 살 수 있다'라고 외치면서 안으로는
변화가 무엇인지도 제대로 모르고 도덕적 해이Moral hazard라는 블랙홀로
빨려 들어가고 있다. 위기는 아는 것과 행동이 서로 다를 때 나타난다.
즉 '말은 맞는데 현실은 아니야!'라고 말하게 될 때 위기는 눈앞에 와
있다.

Chapter 1 꿈꾸는 삶,

"I have a dream!"

1963년 8월 28일 워싱턴 D.C.의 링컨 기념관 앞에서 역사에 남을 연설이 있었다. 마틴 루터 킹 목사의 'I have a dream!'이 바로 그것이다. 백인과 흑인이 함께 손잡고 평등하게 살아가자는 꿈같은 이야기. 그 후 46년이 지난 2009년 1월 20일 정오(워싱턴 시각), 세계인은 눈과 귀를 미국으로 향했다. 버락 오바마Barack Obama가 미국 역사상 처음으로 흑인으로서 대통령에 취임함으로써 꿈은 현실이 되었다. 많은 흑인들이 감격적인 눈물을 흘렸고, TV나 인터넷을 통해 이를 보던 수많은 사람들은 마틴 루터 킹을 떠올렸다. 그의 꿈과 그 꿈을 향한 삶은 지금도 우리에게 많은 생각을 하게 한다. 그는 꿈만 꿈꾼 것이 아니라 꿈을 향해 노력하고 행동했다. 생명의 위협을 받으면서도 꿈을 포기하지 않았던 킹 목사. 때문에 그의 말은 오늘날까지도 여전히 생명력을 갖고 열매를 맺고 있다.

1. 꿈은 세월의 나이를 초월한다
2. 실천하는 꿈이 열매를 맺는다
3. 꿈은 삶의 패러다임을 바꾼다
4. 포기하지 않는 도전과 열정 
5. 미래에서 현재를 준비하라

§01 꿈은 세월의 나이를 초월한다

'현대 첼로연주의 아버지'로 불리는 파블로 카살스Pablo Casals가 95세 되던 해 BBC 방송기자가 그의 집을 방문했다.

"선생님은 세계 최고의 첼리스트입니다. 그런데 왜 아직도 이렇게 연습을 하고 계십니까?"

"하하, 나도 그만 두고 싶네. 그런데 말이야, 연습을 하면 할수록 내 실력이 조금씩 더 나아진다네. 허허허!"

청소년이라고 해도 미래에 대한 꿈이 없다면 정신적 영역에서는 노인이다.

한국 기독교계의 산증인으로 솔선수범하며 살아온 모 목사는 올해 나이 100세로 1911년생이다. 지금도 사회활동이 젊은이 못지않게

왕성하다.

"신앙의 힘? 잘못을 고백하는 데서 나와요", "세상도 교회도 참회록을 써야 한다"라며 삭막해져가는 세태를 꼬집는다. 어느 신문사와의 인터뷰에서는 "닳아서 죽을지언정 녹이 나서 죽지 않겠다는 게 내 좌우명"이라고 말한다. 물리적 나이도 정신적 나이도 전혀 문제가 되지 않는 멋진 삶이 아닌가?

꿈은 정신적 영역이다. 나이는 물리적 영역이다. 물리적으로 신체가 건강해도 정신적으로 절망한다면 몸도 마음도 쉽게 늙어버려 결국에는 정신적 영역에서 노인이 되어 일을 멈추어버린다.

정신적 영역인 꿈을 꾸면 나이가 들어도 마음이 젊어지지만 물리적 영역인 신체는 나이가 들면 자연적으로 늙어버린다. 물리적 세월의 나이를 인간이 멈출 수는 없지만 정신적으로 나이를 초월해서 꿈을 꾼다는 것은 미래를 향해 가슴 설레며 꿈꾸는 소년, 소녀와 같다. 어떤 선택이 지혜로울까? 밤에 꾸는 꿈은 꿈이 되지만 낮에 꾸는 꿈은 나이를 초월해서 현실이 될 수 있다. 어떠한 환경의 삶 속에서도 꿈을 꾸며 한 발짝씩 꿈을 향해 걸어가는 것이 타인을 위해서나 자신을 위해 더 나은 삶이다.

미국 마운트 러쉬모어^{Mount Rushmore}의 자연석 큰 바위에는 세계적으로 잘 알려진 미국 개척사의 영웅 얼굴들이 조각되어 있다. 미국의 초대 대통령 조지 워싱턴, 토머스 제퍼슨(3대), 아브라함 링컨(16대), 시어도어 루즈벨트(26대)의 얼굴이다. 단단한 화강암으로 덮인 해발 1,745m

산에서 높이 18m에 이르는 네 개의 얼굴을 깎아내는 이 대형 프로젝트는 조각가 거츤 보그램Gutzon Borglum의 설계와 지휘로 1927년 10월 10일에 시작하여 무려 14년이 걸려 완성되었다. 다이너마이트를 폭파해서 큰 윤곽을 잡고 파워드릴로 조각해나가기 시작했는데 떼어낸 석재의 양이 50만 톤에 이르며, 400여 명의 인부가 동원되었고, 당시 약 100만 달러의 경비가 소요되었다.

미국에서 잘 알려진 보스턴 출신의 백인 대리석 조각가 코작 지올코프스키는 어느 날 '서 있는 곰'이라는 이름을 가진 인디언 후손이 보낸 한 통의 편지를 받아들고 어떤 결심을 하게 된다. 그 편지는 "백인들에게도 영웅이 있듯이 나와 내 동료 추장들은 우리에게도 영웅이 있다는 사실을 알리고 싶습니다"라는 내용이었다. 코작은 편지를 읽은 뒤 인디언 영웅에 대해 조사를 하기 시작하였다. 그리고 총을 들고 인디언들을 무참하게 학살하던 제7기병대에 활로 맞서 싸워 그들을 괴멸시키고 자신도 목숨을 바친 35세의 크레이지호스라는 젊은 추장이 있었다는 사실을 확인한다.

코작은 남은 삶 동안 이 일을 사람들에게 알려야 한다는 신념으로 세계에서 가장 큰, 인디언 추장이 말을 타고 달리는 모습을 '검은 언덕Black Hills'이라고 불리는 산 전체에 조각하기로 결심한다. 단돈 174달러로 혼자 다이너마이트를 터뜨리면서 정으로 쪼아대고 다듬었지만 1982년 74세 나이로 세상을 마감한다. 그의 아들이 아버지의 일을 이어받아 다시 조각하게 되면서 세계에서 가장 큰 얼굴 형상이 드러나게 된다.

　나무도 잘 자라지 못했던 검은 언덕이 말을 타고 달리는 인디언 추장의 설계도면대로 형상을 갖추면서 그곳에는 세계적인 박물관이 지어지고 현재 많은 사람이 찾아와서 미국의 개척사에는 인디언의 멸망사가 동시대에 공존하였다는 역사를 공부하는 관광지가 되었다. 돈도 인원도 턱없이 부족하여 불가능하게 보였던 일이지만 한 사람의 조각가 코작의 꿈이 거대한 현실로 나타난 것이다.

　꿈은 꾸어야 한다. 꿈이 있다면 아무리 어려운 상황에서도 인내하며 지혜롭게 극복해나가는 힘이 생겨난다. 신문기사에 따르면, 대도시에 사는 성인남녀 1,000명을 대상으로 설문조사를 한 결과 10년 전과 비교해 부유층 진입의 체감 난이도를 묻는 항목에 응답자의 87.5%가 진입이 어렵다고 대답했다. 성인남녀 대다수가 과거보다 부자가 되기 어려워진 것으로 여긴다는 응답 결과만 보아도 잘살아 보겠다는 꿈을 꾸기 쉽지 않은 구조가 되었다. 한국사회가 경제적으로 어려울 때 아메리칸드림American dream을 꿈꾸며 미국에서 고된 허드렛일도 마다하지 않고 쉴 틈 없이 일했던 초창기 이민세대들은 아무리 어려워도 자살을 선택하지 않고 낮이나 밤이나 꿈을 꾸면서 열정적인 삶을 선택했다. 그 결과 예외는 있을 수 있겠지만 대부분의 자녀들이 미국사회 각 분야에서 두각을 나타내고 있는 것을 쉽게 찾아볼 수 있다. 만일 어떤 분야에서든지 노력하다가 자신의 한계를 극복하지 못하면 꿈도 좌절되고 꿈꾸는 분야에서 최고가 되기 어려운 것이 혹독한 현실이다.

만화가로 성공하는 꿈을 꾸는 두 사람이 있었다. 그러나 성장하면서 두 사람 모두 색맹이란 사실을 알게 되었다. 한 사람은 꿈을 포기하지만 다른 한 사람은 잠시 방황은 했어도 굴하지 않고 한계를 뛰어넘어 한길만 파고들었다. 그 사람은 대한민국 최고의 만화가로 성공한다. 꿈을 포기한 사람은 교도소에서 사형수로 생을 마감한다. 색맹이라는 사실에 두 사람 다 절망하였지만 한 사람은 일찍 좌절했고, 또 다른 한 사람은 생각을 바꾸어 오히려 한눈팔지 않고 한 우물만 파서 만화가 이현세라는 명성을 얻으며 큰 성공을 거둔다.

미국에 가정형편이 어려운 가정에서 태어난 두 형제가 있었다. 형은 대학교수가 되어 청소년들을 후원하는 멋진 삶을 살았지만 동생은 길거리의 걸인생활을 했다고 한다. 기자가 기구한 사정을 듣고 그 가정에 대해 연구하였는데 형제가 자란 집에서 특이한 액자 하나가 벽에 걸려 있는 것을 발견했다. 액자 안에는 'DREAMISNOWHERE'라는 문구가 있었다. 어떻게 읽어야 할까 고민했다. 처음에는 "Dream is No Where"로 읽었다. 그리고 곧 "Dream is Now Here"을 발견했다. 두 형제가 세상을 바라보는 시각의 차이였던 것이다.

꿈을 꾸는 건 나이와 신분, 성별에 차이가 없다. 누구나 꿈을 품고 있는 동안은 청춘이다. 이집트에서 노예생활을 하던 이스라엘 민족을 가나안 땅으로 인도해낸 인물이 있다. 한때 이집트의 왕자로서 파라오의 후계자로 지목되었던 '모세'. 그러나 동족을 괴롭히던 이집트인을 죽이고 미디안 광야로 도망을 갔다가 80세에 여호와의 부름을 받는다. 이후 이스라엘 민족을 노예에서 해방시키고 가나안에 이르기까지 40여 년의 광야생활을 인도한다.

약 3,000년 전에 기록된 요엘서에는 "너희 자녀들이 장래 일을 말할 것이며 너희 늙은이는 꿈을 꾸며 너희 젊은이는 이상을 볼 것이며'라는 내용이 있다. 3,000년 전 어린이들과 여성들은 인권을 제대로 보장받지 못했다. 또 노인들은 현역에서 물러나는 것이 당연시되던 사회였다. 희망이 없어 보이고 꿈을 꿀 필요조차 없어 보이는 사람들, 그러나 성경은 그들에게 지속적으로 꿈에 대하여 말해왔다. 특히 구약은 꿈과 약속을 말하고 그 성취를 이야기한다. 구약을 품고 살아왔던 유대인 디아스포라. 그들은 20세기에 세계 역사상 가장 불가능해보였던 일을 성취했다. 2,000년간 나라를 잃고 세계를 떠돌던 사람들이 나라를 건국했다. 이것은 결코 우연히 이루어진 일이 아니다. 그들의 신앙이 어떠한 상황에서도 희망의 끈을 놓지 않도록 해주었기 때문이다.

§02 실천하는 꿈이 열매를 맺는다

"여러분이 꿈꾸는 아름다운 세상, 우리는 이미 실천하고 있습니다."

이는 재활용 수거장의 작은 스티커에 적혀 있는 말이다. 꿈을 향한 실천의 중요성을 잘 드러낸다.

세계적인 농구스타 마이클 조던은 꿈꾸며 실천하는 사람이었다. "실패는 받아들일 수 있지만 도전하지 않는 것은 받아들일 수 없다"는 신념과 도전 정신으로 그는 남들이 박수칠 때에도 더욱 훈련을 해서 세계적인 농구선수가 되었다.

텍사스주 속담에 "젖소를 잃어버리지만 않는다면 아무리 우유를 많이 엎질러도 괜찮다."라는 말이 있다. 실패를 어떻게 해석하느냐에 따라 그 의미가 달라진다.

　꿈을 꾸는 사람들은 많이 있다. 하지만 꿈이 꿈으로 끝나는 사람이 있고 꿈이 현실이 되는 사람이 있다. 꿈이 꿈으로 끝나는 사람들은 실패를 겁내면서 꿈만 꾼 사람들이다. 기분 좋은 꿈은 꿈을 꾸는 동안은 일시적인 위로는 줄 수 있다. 꿈을 현실로 이루어내는 사람들은 꿈을 위해 준비한 사람들이다. 꿈이 언제 이루어질 것인지는 다른 문제다. 기회는 꿈꾸며 준비한 사람에게 열려 있다. 기회가 와도 준비되지 않은 사람들은 그 기회를 잡을 수 없기 때문이다.

　꿈꾸지 않는 사람은 현실을 분석하지만, 꿈꾸는 사람은 현실을 뛰어넘는다. 꿈꾸지 않는 사람은 현실에 파묻혀 있지만 꿈꾸는 사람은 현실과 미래를 동시에 바라보며 산다. 꿈꾸는 사람은 10년 후를 생각하며 지금 실천한다. 어떤 분위기에 적당히 묻어가는 것을 피하고 현실에서 미래와 연결된 가능성을 찾는 사람들, 그들은 목표 설정을 한 후 계획을 실천한다. 꿈이 꿈으로만 끝난다면 아무 의미가 없다. 그런 꿈을 꾸는 사람은 단지 몽상가일 뿐이다. 꿈이 의미를 가지는 것은 현재에 머무르지 않고 미래를 향한 발걸음을 내딛게 하기 때문이다. 꿈은 마음을 움직이고 마음은 목표를 향해 행동하게 한다.

　꿈은 또 하나의 목표를 설정해준다. 고대에서부터 현대과학이 눈부시게 발달한 오늘날까지 '인간이 어디로부터 와서 어디로 가는가?' 하는 의문을 끊임없이 가져왔다. 작가 게오르규는 "꿈이란 배의 돛과 같다"고 말했다. 돛은 바다 위에서 세찬 파도와 바람과 싸워 이겨내며 배의 중심을 잡아주고, 때로는 바람을 타고 보다 빨리 목적지까지 도착하게 해주는 역할을 한다. 인생에서도 돛과 같은 꿈이 있어야 한다. 꿈이 있으면 삶의 목적과 의미를 알게 되고 건강한 가치관을 정립할 수 있다. 또한 세상의 모진 세파를 이겨내고 목표를 향해 갈 수 있는 힘도 생긴다.

꿈은 가야 할 길을 정해준다. 가야 할 방향과 도착해야 할 목적지를 분명하게 알 수 있는 위치추적시스템(GPS)과 연결된 네비게이터 역할과 같다. 꿈은 우리에게 미래지향적인 안목을 길러주고 해야 할 일의 우선순위를 알려준다. 또한 선택이 있으면 포기해야 할 일이 무엇인지를 알려주는 역할도 한다.

성공한 사람들은 젊었을 때부터 분명한 꿈이 있었다. 그들은 언제나 말 한마디에도 긍정적이며 적극성을 띠고 있다. 고객이 "몇 시에 문을 닫습니까?"라고 물을 때 "몇 시까지 문을 엽니다."라고 말하는 것과 "몇 시에 문을 닫습니다."라고 말하는 것은 다르다.

부정적인 정서를 가지고 있는 사람은 주변사람이 가까이 가기를 피하거나 꺼린다. 반면에 긍정적 정서를 소유한 사람은 같은 소원을 가진 사람끼리 모이게 된다. 이것은 주파수가 맞아야 송수신이 잘되는 것과 같은 원리다. 같은 생각과 꿈을 가진 사람들이 함께 모이면 목표를 성취하는 능력이 시너지 효과를 일으켜 배가 되는 것은 어떻게 보면 자연스런 현상일 수 있다.

꿈이 있는 사람이 목표를 성취해가는 과정을 보라. 그들은 마음에 어떤 상처를 받더라도 금방 아물게 하며 극복하는 치유의 에너지가 있는 것 같다. 성취의 기쁨을 생각하면서 현재의 고통을 상당부분 상쇄시키기도 한다. 그래서 목적지까지 가는 데 나타나는 장애물도 비교적 쉽게 넘어갈 수 있다. 어떠한 상황 속에서도 자신이 바라는 미래를 보고 있는 사람이야말로 진정 꿈이 있는 사람일 것이다.

　나무와 식물들은 비바람이 몰아치거나 혹독한 추운 겨울이 찾아와도 때를 준비하고 있다가 어려운 환경조건을 이겨내고 싹을 틔운다. 비에 젖고 바람에 흔들리며 성장하고, 꽃을 피우며 열매를 맺는다. 인간의 삶에 어려움이 다가오는 것은 자연의 법칙처럼 자연스러운 일이다. 매서운 추위와 폭풍우도 깊은 산속 바위틈에서 피어나는 꽃들을 막을 수는 없다. 희망을 꽃 피우려는 사람들은 중도에 꿈을 포기하거나 좌절하지 않는다. 예상하지 못한 위기와 불편한 환경 속에서도 부정적인 생각을 멀리 한다. 오히려 자신을 강하게 하고 성숙시키기 위한 훈련이라고 생각한다. 꿈은 이처럼 어려움을 이겨내는 힘을 준다.

　목적지를 찾아가는 꿈을 조급하게 아루기 위해 가령 무제한 속도를 즐길 수 있는 독일의 아우토반에서 차를 운전한다고 가정하자. 앞뒤로 차가 달리고 있다면 일정한 간격을 유지하면서 균형을 유지할 수밖에 없다. 그렇지 않으면 자동차 충돌로 이어져 대형사고가 난다.

　목적지를 찾아가는 방법에 여러 선택이 존재한다면 어떨까. 예로 제주도에서 서울로 갈 때 여러 방법이 존재한다. 어느 것도 선택하지 않은 사람은 서울에 도착하지 못한다. 단순히 교통수단이 아닌 인생길이라면 어떤 선택을 할 것인가? 목적지에 빠르게 또는 쉽게 도착했다고 반드시 좋은 것은 아니다. 누구와 함께, 어떻게 목적지를 찾아가느냐에 따라 인생의 열매는 다른 모습을 맺는다. 목적지에 도착하는데 몇 개월이 걸리더라도 자신만의 스토리로 열매를 맺는다. 스토리가 없다면 속이 비어 있는 껍데기 인생일 수 있다.

과거의 패러다임은 한 분야에 수십 년간 일한 사람들만이 전문가로 등극할 수 있었다. 또 공부를 열심히 해서 머리에 정보와 지식이 많은 사람이 사회에서 리더가 될 수 있었다. 그러나 현재의 불확실한 경계사회에서는 디지털사회에서 태어나 초등학교 4학년 정도만 되어도 얼마든지 인터넷을 통해 전 세계에 깔려있는 지식을 폴더라는 사이버 서랍에 주워 담을 수 있고 또한 쉽게 정보를 습득할 수 있다. 정보량이 바다처럼 흘러넘친다. 따라서 이제는 정보와 지식의 양을 넘어서서 그것을 적절히 상황에 맞게 재구성하고 활용하며 재창조할 수 있느냐 하는 문제가 관건이 되었다. 이러한 사회에서 창조적인 힘은 꿈을 통해 발휘된다.

무엇이 되겠다는 꿈이 주는 열정과 희망은 많은 정보의 바다 가운데에서 무엇이 내게 중요한 것인지, 어떻게 활용할 것인지에 대해 통찰력을 제시한다. 꿈은 아직 현실로 나타나지 않았기 때문에 꿈이다. 즉 꿈은 현실 너머의 것을 보게 하기 때문에 꿈이 된다. 강렬한 꿈은 나의 삶을 이끌어간다.

세계에서 가장 큰 다국적 커피 전문점인 스타벅스^{Starbucks}를 보자. 최초의 스타벅스 점은 제리 볼드윈과 고든 보커, 지브 시글이 1971년 미국 워싱턴 주 시애틀에서 개점하였다. 이때는 커피 원두를 판매하는 소매점이었다. 1987년 하워드 슐츠가 소매점을 인수하여 커피 전문점으로 탄생시켰다. 드립형 커피와 각종 에스프레소 커피 외에도 차와 병 음료수, 빵, 케이크 등을 판매하였다. 지금은 주로 상권이 잘 발달한 번화가 건물의 1층에 독립된 가게의 형태로 인터넷 공간을 마련하여 언제나 편하게 쉴 수 있는 또 하나의 새로운 문화공간으로 탈바꿈시켜 놓았다.

꿈을 꾸며 목적을 이룬 사람들은 목표를 갖고 하나하나 실천한 사람들이다. 꿈을 실천하려는 사람들은 언제나 바라보는 과녁이 있다. 과녁을 바라보며 초점을 맞추어 연습을 하고, 기회가 주어지면 곧바로 화살을 당길 수 있는 준비가 된 사람들이다. 초점은 바라봄의 법칙으로 설명할 수 있는데, '바라봄의 법칙'은 바라보는 대상에 따라 인생이 그 모습으로 결정되기도 하고, 비슷하게 닮아가는 것이다.

우린 눈을 감고도 볼 수 있다. 사랑하는 사람이 현재 내 앞에 없어도 선명하게 볼 수 있다. 어떤 것을 바라보고 있느냐에 따라서 성공할 수도 실패할 수도 있다. 우리는 상상력을 통하여 설계도면을 그리며 전체적인 모습을 그리고 승패의 갈림길에도 서게 된다. 따라서 '무엇을 꿈꾸며 바라보는 가' 하는 것은 실천하는 데 매우 중요하다.

존경하는 누군가와 같이 되겠다는 꿈을 꾸어보라. 그러면 그 대상이 자신에게 다가오거나 자신이 그 대상에게로 다가가는 일들이 현실에서 일어날 것이다.

억울하게 누명을 쓰고 교도소에 들어온 두 사람의 예를 보자. 한 사람은 교도소에서 바닥을 보며 신세한탄만 했다. 또 한 사람은 쇠창살 사이로 간간이 비치는 햇살과 하얀 뭉게구름이 두둥실 떠다니는 푸른 하늘을 바라보며, 자신을 성찰하는 기회로 삼았다. 자신의 신세를 한탄하며 세상이 불공평하다고 생각한 사람은 점점 더 부정적 사고를 갖게 된다. 기회가 주어져도 준비하지 않았기 때문에 자신의 인생에서 가치 있는 삶을 누리기 어렵다. 그러나 낙심하지 않고 때를 기다리며 준비한 사람은 결국 꿈을 이루게 된다. 현실의 공간적 제약을 탓하지 않고 인생의 훗날을 바라보며 드넓은 상상의 세상을 꿈꾸던 사람, 그는 꿈을 이루며 자신은 물론 많은 사람들을 감동시키게 된다.

넬슨 만델라Nelson Rolihlahla Mandela(1918.7.18~현재). 그는 1994년 5월 흑인으로서는 처음으로 남아프리카공화국 대통령이 된 인물이다. 그는 흑인인권운동가로 활약하다가 종신형을 선고받고 27년간을 감옥에서 보냈다. 27년간의 감옥생활이 그의 몸을 가두고 있었을지언정 그의 창조적인 사고와 꿈을 가두지는 못했다. 흑인이기 때문에 차별대우를 받고 억울한 감옥살이를 했지만, 출옥 후에 복수를 꿈꾸지 않았다. 오히려 흑인과 백인이 손잡고 살아가는 사회를 꿈꿨다. 백인정부와 협상을 벌여 350여 년에 걸친 인종분규를 종식시켰다. 이러한 공로로 많은 사람들의 존경과 찬사 속에서 1993년 노벨평화상을 받았다. 1994년 5월에는 남아프리카공화국 최초의 흑인 참여 자유총선거에 의해 구성된 다인종 의회에서 대통령에 선출되었다.

많은 정보와 지식을 통해 통찰력을 가지는 것은 매우 중요하다. 그러나 실천하지 않는다면 의미는 반감된다. 나이와 신분의 문제, 당신을 가두고 있는 환경이 문제가 아니다. 당신이 어떠한 꿈을 꾸는 사람이며, 그 꿈을 위해 어떤 실천을 하고 있느냐가 중요하다. 그에 따라서 환경과 나이, 역경은 당신을 빛내주는 조연이 될 것이다.

중앙 일간지 신문에 지방의 모 대학 정보통신과 겸임교수 초빙 공고가 실렸다. 마침 유사한 해당분야에서 실무적인 일을 하고 있었기에 서류를 갖추어 제출하였다. 면접을 통보받았다. 설레는 마음으로 면접장에 들어섰는데 면접관들의 얼굴색이 반기는 분위기가 아니었다. 그 이유는 곧바로 질문에서 알 수 있었다.

"언제부터 다리를 절게 되었죠?"

"다리를 절면서 강의는 제대로 할 수 있겠습니까?"

질문은 계속되었다. 마음속 깊은 곳에서는 그냥 뛰쳐나오고 싶었다. 하지만 떨어지더라도 면접이 내 역할이라고 생각하고 최선을 다했다. 기업체에서 서류는 통과했지만 신체검사에 떨어진 경험이 많았다.

'무대에서 떨어지는 역할이지만 멋지게 연출하자.'

기회를 주신다면 사랑으로 최선을 다해 강의하겠다고 말했다. 말하기는 누구나 쉽다는 반문이 돌아왔다. 그래도 미소를 머금고 있었다. 그때 면접관의 휴대전화에서 벨이 울렸다. 통화내용이 작은 소리로 내 귀에 들렸다. 경쟁자인 모 박사가 경부고속도로를 달려오다가 타이어에 펑크가 나서 이번 면접을 포기한다고 했다. 면접관은 어쩔 줄 몰라 하다가 나에게 강의를 잘해볼 수 있겠느냐고 물어본다. 해당 대학에서 1년 6개월 강의하고 개인 사유로 집에서 가까운 대학으로 옮기면서 사직서를 쓸 때 재단에서 부르면서까지 만류를 했다. 학과장을 앞에 세워 놓고 언제든 기회가 되면 다시 돌아와서 학생들에게 강의해도 좋다는 보장을 해주었다. 사용가치가 있는 꿈을 이루는 열매를 맺었다. 대학 측에 지금도 고맙게 생각한다.

서울의 모 여대는 근무하는 사무실에서 약 15분 거리다. 그래서 이과대학 정보과학부에 서류를 제출했는데 서류는 통과했지만 면접에서 떨어졌다. 떨어진 이유를 남모르게 알아보았다. 이번에는 신체검사에서 떨어진 것이 아니라 나의 부족한 점이 무엇인지를 알게 되었다. 그래서 시간이 걸렸지만 나름대로 해당 분야를 준비해서 재도전하였고, 통과하여 겸임교수로 임용되었다. 그 후 재직 중인 현재의 대학으로 다시 스카웃^{Scout}되어 7년 이상 강의하고 있다. 기회가 되어 한 학기 강의를 쉬고 방학도 활용해서 해외(미국, 유럽, 중국, 몽골, 중남미)를 탐방하였다. 이 기간 동안 IT분야 연구도 하고 해외 대학에서 세미나 발표도 하고 문화체험도 하면서 평소 가고 싶었던 국가에서 나름대로 조금은 속살을 들여다보고 돌아왔다.

아는 것과 행동으로 옮기는 것은 다르다. 오늘 고심 끝에 몇 권의 책을 골랐다. 포장지에 꿈을 키우는 세상이라는 표어와 함께 '사람은 책을 만들고 책은 사람을 만든다'는 문구가 쓰여 있었다. 누군가는 책을 만들고 누군가는 그 책을 통해 삶의 방향을 정한다.

나는 걸음은 흔들려도 중심을 보시는 하나님을 믿고 노력하고 있
다. 이것이 시간이 흘러 누군가에게 희망의 씨앗이 되어 열매를 맺으면
좋겠다.

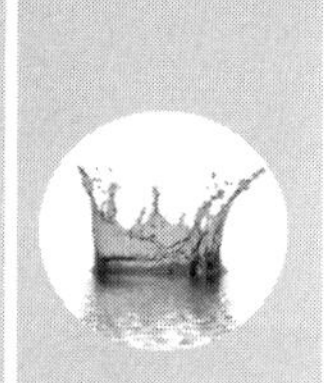

§03 꿈은 삶의 패러다임을 바꾼다

프랑스의 나폴레옹은 그랑제꼴을 비롯한 새로운 교육제도를 창안했고, 독일은 전통적인 대학과는 별도로 새로운 형태의 직업기술 고등교육 체제인 호흐슐레를 창출했다. 미국은 주립대학 제도를 창안하여 서구 산업사회의 주역이 되었다. 꿈꾸는 지도자들에 의해서 인간 삶의 패러다임이 바뀐 것이다.

한 인간의 꿈과 열정은 뇌의 신경회로를 활성화시키며 삶의 패러다임을 바꾼다. 신경과학(뇌신경생물학과 컴퓨터과학을 접목시킨 신조류 학문) 연구자들은 뇌에 적절한 자극을 주어야 한다고 주장한다. 뇌의 신경회로는 쓰지 않고 내버려둘 경우 저절로 사라지지만, 사용할수록 새로 만들어지고, '가소성可塑性'의 성질도 가지고 있어서 쓸수록 두꺼워진다고 한다. 인간이 어떤 강렬한 감정을 수없이 반복해서 갖으면 이 신경 회로가 점차 굵어지게 된다. 즉 어떤 행동을 지속적으로 하게 만드는 신경 초고속도로가 만들어진다. 어떤 분명한 꿈과 열정이 있으면 신경 회로가 더욱 활성화된다. 그래서 신경 초고속도로를 타고 목적을 이루는 데 적합한 행동을 지속적으로 하게 됨으로써 목적을 보다 쉽게 성취할 수 있게 된다.

미래는 운명이 아니라 개개인의 꿈에 의해 개척되고 창조되는 정신적, 물질적 성과물이다. 뛰어난 화가는 백지 한 장만 있으면 이 세상에 존재하지 않았던 새로운 세상을 그림으로 창조할 수 있다.

1998년 애플사의 스티브 잡스Steve Jobs는 MS 때문에 업계에서 밀리고 파산한다. 이때 지금까지와는 전혀 다른 새로운 생각을 떠올린다. 그는 이 'Think Different'를 모토로 새로운 디자인을 전개시키며 존경받는 CEO로 다시 세상에 우뚝 선다.

우주에는 시간이라는 개념이 없다. 중력도 작용하지 않는 공간이다. 반대로 지구촌 땅속에는 펄펄 끓는 용암과 물이 흐르는 강과 호수가 존재한다. 우리 인간은 지구라는 주어진 환경 속에서 잘 살아왔다. 적어도 생태학적으로는 자연의 적자생존 법칙에 적응하면서 지내온 것처럼 보인다. 그러나 생존이라는 키워드 속성에는 꿈을 꾸며 실천하는 소수의 리더들이 존재한다. 이는 정신세계나 물질문명의 세계나 별 차이가 없다. 그들 리더들이 세상의 경제적, 실물적 지도를 바꾸어왔다고 해도 과언이 아니다.

나다니엘 호손의 「큰 바위 얼굴」에서 주인공 소년은 누군가를 기다린다. 마을사람들의 오랜 바람이던 '큰 바위 얼굴'을 닮은 사람. 소년은 매일같이 앞산의 큰 바위를 바라보며 언젠가 나타날 이 마을 출신의 훌륭한 인물을 기다린다. 그렇게 그 소년은 나이가 들어가고 마을사람들은 자신들이 기다려왔던 큰 바위 얼굴을 닮은 사람이 바로 그였음을 알게 된다. 늘 바라보던 앞산의 큰 바위 얼굴을 닮아 있는 바로 그 자신. '바라봄의 법칙'이 적용된 좋은 예다. 무엇을 바라보고 꿈꾸는 가가 그 사람의 삶의 패러다임을 이끈 것이다.

지금 이 순간 우리는 어떤 눈으로 어떤 대상을 바라보고, 어디를 향해서 가고 있는가? 혹시 꿈을 잃어버리고 목적 없이 제자리를 맴돌고 있지는 않은가?

친구들과의 대화에서 나타나는 나의 태도는 내 삶의 패턴이 꿈이 있는 긍정적인 것인지 아닌지를 보여준다. 친구들과 대화를 할 때 사업에서 성공하거나, 직장에서 잘 나가는 친구들을 자신과 비교하며 상대적 박탈감으로 시기하며 미워하는가? 부정적인 이야깃거리에 집착해서 말을 하는 습성이 있는가? 또한 내 친구들은 어떤 습성을 가지고 있는가? 친구들과 비전과 희망을 이야기하는가? 서로 배우고자 생각과 지식을 공유하는가? 직장에서 선배나 상사와의 커뮤니케이션을 어떻게 풀어나갈 것인가를 함께 고민하는가? 이러한 두 부류 사람들의 삶의 패턴은 그들의 미래를 확연히 바꾸어 놓을 것이다.

프랑스의 수학자이자 물리학자, 철학자, 종교사상가인 파스칼은

"불행의 원인은 늘 나 자신에게 있다"고 말한다. 행복과 불행도 자신의 선택에 달려 있다. 긍정적인 꿈을 꾸고 긍정적인 삶의 패턴을 가진 사람은 행복을 선택하는 사람이다. 말레이시아 속담에 "스스로의 운명을 바꾸려 하지 않는 사람의 운명은 하나님도 바꾸어주시지 않는다."라는 말이 있다. 꿈을 꾸고 생각을 바꾸면 주어진 운명이라는 환경을 넘어서서 인생에서도 개척사를 쓰게 되어 개인의 패러다임에서 미래의 행로가 달라진다.

돈을 많이 벌 수 있는 직업을 선택해서 꿈을 이루려는 목적으로 살아온 사람보다는 좋아하는 분야에서 일을 하며 직업을 선택하고 꿈을 키워나간 사람은 패러다임을 바꿀 수 있는 선구자가 된다.

오늘날의 경제대국 미국이 배출한 사람들 가운데 에디슨, 스티브 잡스, 빌게이츠와 같은 사람들이 꿈꿔왔던 개개인의 꿈은 삶의 패러다임을 바꾸면서 기존의 패러다임은 변화되고, 경쟁적인 새로운 패러다임이 나타난다. 즉 새로운 패러다임이 자리를 잡으면서 대체한다. 따라서 하나의 패러다임은 영원히 지속될 수 없고, 꿈을 가진 사람들의 주도적인 삶에서 항상 패러다임은 생성·발전·쇠퇴·대체되는 과정을 영원히 되풀이하고 있다.

우리는 오늘 어떤 꿈을 꾸고 있는가?

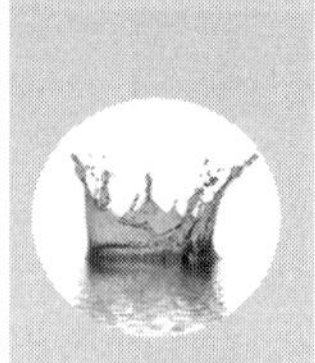

§04 포기하지 않는 도전과 열정

　식지 않은 마음의 열정과 포기를 모르는 도전정신으로 어떤 목적을 이루려는 강한 뜻이 있다면 자신이 상대방보다 낮은 자세에서 친절하고도 따스한 미소를 보낼 줄 아는 겸손한 사람이 먼저 되어야 한다. 남과 경쟁에서 치열하게 싸워 이기는 것보다 자신의 마음에서 오는 게으름과 쾌락, 이기심 등과 싸워 이기는 사람이 진정 강한 사람이다.

　미국의 경영 연구기관인 스펜서 스튜어트는 미국에서 가장 존경받는 50대 CEO들의 제일 두드러진 공통점은 '자신이 하고 있는 일에 대한 불타는 열정'이라고 했다. 만약 누구든지 자신이 하는 일을 즐긴다면 탈진하게 되는 일은 드물 것이다. 어떤 일에 대한 불같은 헌신이 있다면 그것은 열정이 있음을 말한다. 열정은 가슴 깊은 곳에 새겨져 있는 분명한 목적의식에서 나지만 그 열정은 자신에게 주어진 재능과 성격, 비전이 자신이 좋아하는 일일 때 더 빛나며 강렬하게 타오른다.

부족한 본인도 한창 피 끓는 젊은 날에는 한때였지만 어느 도서의 글귀를 나의 신조로 삼아서 '비굴한 삶을 살아가느니 차라리 분투 중의 쓰러짐을 택하리라!'였다.

역사적으로 거슬러 올라가보면 대부분의 위인들은 주어진 환경과 한계에 억눌리지 않고 자신과의 싸움에서 이긴 사람들이다. 가장 힘든 적인 자신을 이길 수 있었던 것은 그들에게 꿈의 성취에 대한 강한 열망이 있었기 때문이다. 그들은 일단 목표를 정해 놓으면 "Never, never give up!(결코, 결코 포기하지 않는다)"를 외치는 사람들이 된다.

세계에서 가장 땅을 많이 차지한 사람은 첫째가 칭기즈칸이고, 둘째는 알렉산더며, 셋째는 나폴레옹이다. 목표의 옳고 그름을 떠나 인간으로서의 한계와 아픔도 있었을 것이다. 그러나 그 한계를 넘어설 수 있었던 것은 그들의 목표에 대한 열망이 컸기 때문이다.

칭기즈칸은 어릴 적부터 개를 무서워할 만큼 나약하였다. 큰 싸움을 앞에 두고 산 정상에 올라가 적의 잘못을 늘어놓으며 하늘에 도움을 청하기도 했다. 그런 칭기즈칸이 훗날 "적은 밖에 있는 것이 아니라 내 안에 있었다. 나는 내게 거추장스러운 것들은 전부 쓸어버렸다. 나를 극복하자 나는 칸이 되었다."라는 말을 남긴다.

향년 33세에 그리스, 페르시아, 인도에 이르는 대제국을 건설한 알렉산더 역시 B.C.332년 가자성 공격 때, 어려움이 클수록 그 도시를 더

점령해야 한다고 역설한다. 상식이나 확률을 뛰어넘는 성공을 거두면 적의 사기가 완전히 꺾인다는 말이다. 전투가 벌어지면 알렉산더는 늘 선두에 섰다. 그는 일반 병사들보다 상처를 더 많이 입었고 장교들보다 더 고통을 당했다. 인더스계곡의 말리족과 싸울 때는 폐가 뚫리는 치명적인 상처를 입기도 했지만 전투가 거듭될수록 카리스마가 넘쳤다.

나폴레옹 또한 자신과의 싸움이 중요하다는 것을 알고 있었다. 그는 사관학교 재학시절에 "똑같은 병력, 똑같은 지형 조건에서 똑같은 무기를 가진 두 군대가 싸울 때, 과연 어느 편이 이길 것 같은가?"라는 질문을 받았다. 그러자 그는 "마지막 5분까지 견디는 자가 이길 것입니다. 이기고 지는 것은 인내로 결정될 것입니다."라고 답변한다. 그러한 그는 군사적 천재로 인정받으며 이탈리아 원정군 사령관이 되었고, 행동하는 정치가로 성장하여 마침내 황제의 자리에 오른다.

꿈은 목표를 설정하게 하고 자신의 에너지를 발산시키는 동력이 된다. 자신의 인생에 목표가 없으면 계획이 없다는 것이고, 계획이 없으면 실천이 없고, 실천이 없으면 성공도 있을 수 없다. 우연히 또는 노력 없이 저절로 이루어지는 것은 없다. 성공과 행운은 준비하고 기다리는 고통의 인내 과목을 통과한 자에게 미소를 보내기 때문이다.

만일 자동차 운전자가 앞을 보고 운전하지 않으면 어찌 되겠는가? 음악을 들으며 기분에 따라 차창 밖을 내다보고 좌우를 살피거나 뒤를 돌아본다면 얼마나 위험하겠는가? 운전을 할 때 앞을 바라보며 두 손으로 핸들을 잡고 목적지를 향해 간다. 위험에 대비하여 사이드미러나 백미러로 좌우 또는 뒤를 살피기도 하지만, 대부분의 시간을 앞을 보며 달려서 목적지에 도착한다.

요즘 친구들을 만날 때는 모임장소를 알려주며 '네비로 오라'는 문자메시지를 보낸다. 그러나 차량의 네비게이션 역시 정기적으로 업그레이드 해주면서 목적지를 정확히 입력해주어야 제대로 길을 안내해준다. 마찬가지로 자신의 능력을 업그레이드 하지 않고 삶의 목적지도 애매하면 애매한 삶을 살 수밖에 없다. 동료들과 밤낮없이 세월을 흥청망청 소비하는 사람, 과거의 불행했던 자신의 모습을 되새기는 사람, 화려했던 모습만 추억하는 사람들은 모두 앞을 봐야 한다. 하루하루 값진 시간을 값싸게 소비하고 살아가서는 안 될 일이다. 시간을 저축할 수는 없지만 목표를 설정하고 아껴서 사용해야 한다. 그러면 시간의 흐름에 따라 유형·무형의 부가가치를 창출하게 되고 삶이 풍요롭게 된다.

달팽이는 이동하는 속도가 느려 보인다. 달팽이는 거주지도 없어 보인다. 자신의 단단한 겉껍질이 집이 되기 때문이다. 거북이보다 더 느려 보이는 속도로 늘 어디론가 움직인다. 먹이라는 목표를 정하고 찾아다니는 이동이다. 우리 인생에서 꿈을 구체화할 수 있는 목표가 없다면 길을 인도하는 안내지도가 없는 것과 같다. 설계도면 없이 건축물이 지어진다면 어떻게 될까? 만일 건축물을 지을 때 정확한 설계도가 없다면, 건축허가가 나오지 않음은 물론이고 부실한 건물이 되어 수리하느라 시간과 돈이 보다 많이 소요될 것이다.

인생에서 목표가 없다면 목적 없이 항해하는 선박과 같다. 선박은 항구에 정박해두기 위해 만든 것이 아니다. 바다에서 풍랑이 거칠게 일어날 때 가까운 부둣가로 향하는 것보다 멀리 떨어진 깊은 바다로 나가는 것이 오히려 더 안전하다고 한다. 이때 안전만을 위해 바다에서 표류한다면 목적이 없는 그 배는 어떻게 될까? 도착지가 없기에 식량과 에너지가 떨어진다면 바다 위에 두둥실 떠다니는 나뭇잎 같은 존재로 머물다 사라져버릴 것이다.

치유를 위해 알콜중독자들이 모여 있는 복지기관에서 특강을 한 적 있다. 그곳에 계신 분들을 보니 한결같이 외모는 중독자라고 판단하기 어려웠다. 특강 후 그곳의 관리 책임자에게 들은 이야기는 뜻밖이었다. 사회적으로 성공한 사람들이 갑작스런 어려움을 만나면 쉽게 좌절한다고 한다. 새로운 꿈을 꾸고 인생의 목표를 다시 세우는 등 극복하려고 노력하기보다 술에 의존하다가 결국 알콜중독에 이르게 되는 경우가 의외로 많다니 안타까웠다.

그곳에서 많은 사람들이 노력해서 술을 끊는다. 신체적으로는 빠른 시간 내에 회복되지만, 정서적, 심리적 회복에는 많은 시간과 인내가 필요하다고 한다. 그러므로 자신에게 일어나는 부정적인 감정을 잘 처리하는 능력을 길러야 한다. 화를 내거나 공격적인 행동, 불안, 소외감, 우울, 절망감 등의 느낌을 잘 해결하는 방법을 배우고 적용해나가야 하는 것이다. 만일 그들이 새로운 꿈과 목표를 가지고 성실히 살아간다면 심리적, 정신적인 회복속도도 훨씬 빨라질 것이다.

자연의 법칙이 존재하듯이 '무리의 법칙'은 자연계에 존재하는 법칙이다. 참새는 참새끼리, 오리는 오리끼리 무리지어 몰려다닌다. 인간도 이와 마찬가지로 실패자는 실패자들끼리, 성공한 사람은 성공한 사람들끼리 만나는 경우가 많다. 자신도 모르게 그렇게 몰려다닐 수밖에 없는 것이 현실이다.

시골의 한 버스정류장에서 버스가 오랫동안 대기하는 데 화가 난 승객이 운전기사에게 한마디 던진다. "이 똥차 언제 출발합니까?" 그러자 버스 운전기사가 웃으며 대답했다. "똥이 다 차야 가지요?"

직장생활이든 인간관계든 자주 실패하는 사람들은 먼저 자신과의 싸움에서 진 사람들이다. 자신에게 성공의 확신이 없기 때문에 패배적이며 부정적인 말과 행동을 하는 사람이 된다. 같은 부류의 사람들과 어울리게 되고 실패를 자연스럽게 받아들이며 실패자의 무리에 합류한다. 알콜중독자들을 자세히 관찰해보면 그들은 자신을 피해자처럼 생각한다. 주변 사람들을 비난하면서도 같은 중독자를 만나면 친구나 연인처럼 마음이 끌린다. 그들은 미래에 자신이 성공해 있는 모습을 바라보지도 읽지도 못한다. 때문에 더욱 힘든 상황으로 빠져들기 십상이다.

인생에 있어서 소중한 것들은 땀과 인내를 요구하기 마련이다. 지금이 어쩌면 우리가 땀 흘려서 심은 씨앗이 땅속에서 껍질을 벗고 싹을 틔우는 인내의 시기가 될지도 모른다. 세상에 기쁨만 존재한다면 세상살이에서 인내할 필요도 없고 땀 흘리며 도전할 가치도 없다. 인내는 인내 과목을 통과한 자에게 주어지는 기쁨을 얻기 위한 필수덕목이다.

인내의 시기에는 성공한 미래의 모습을 바라보면서 현재를 보는 현실적 통찰력이 있어야 한다. 그러면 힘들고 지친 어려운 삶일지라도 현실적 낙관주의자가 될 수 있다. 어떻게 하면 다시 일어나 목적지로 향할 수 있는지 찾을 수 있다. 지금까지의 방법이 의미가 없었다면 방법을 바꾸고, 혼자서 성취하기보다는 협력자를 찾고, 구체적으로 계획을 세우자. 다시 세분화하여 실행하면 결국은 가고자 하던 길을 가고 있는 자신의 모습을 보게 될 것이다.

인간은 그가 가진 꿈과 목표에 따라 삶의 패턴이 달라진다. 또한 고비마다 꿈과 목표를 재설정해야 한다. 로마제국은 외부의 침공으로 멸망한 것이 아니다. 더 이상 무찌를 나라가 없었기 때문에 공격할 목표가 없어지면서 사치와 향락으로 흘러 쇠락의 길로 접어들게 되었다. 목표를 가지고 성취해나가는 과정에서 예상치 못한 실패나 좌절을 만날 때 어떻게 대처할 것인가? 또한 현실적인 꿈과 목표를 성취하고 난 후 삶의 가치관과 목표를 어디에 둘 것인가? 하는 것이 중요하다. 그리고 삶의 가치관과 목표에 타인에 대한 봉사와 섬김이 있다면 내면적으로도 훨씬 풍요로운 삶이 될 것이다.

꿈은 나이를 초월해서 삶에 활기를 불어넣는다. 삶을 변화시키는 동력이 된다. 꿈을 잃어버릴 때 물리적인 나이는 젊을 수 있겠지만 정신적인 나이는 임종을 앞둔 사람으로 변한다. 꿈을 꾸고 실천하며 실력

을 쌓고, 자신의 분야의 밭을 목표로 향해 나갈 수 있어야 한다. 지도
가 들어 있는 생각의 씨앗을 뿌리고 가꾸는 자가 되어라. 지금 생각하
고 행동하는 것들이 가까운 훗날 자신의 모습이 되어 나타날 것이다.

§05 미래에서 현재를 준비하라

일본청소년연구소는 2006년에 한국, 미국, 일본, 중국의 고교생 5,676명을 대상으로 실시한 '고교생의 의욕에 관한 조사 결과 보고서'를 발표했는데 한국 청소년들이 가장 많이 꿈꾸는 인생의 장기목표는 "내가 좋아하는 것을 즐기고 싶다"였다. TV를 켜면 연예오락 프로그램이 없는 요일이 없을 정도로 일주일 내내 TV 프로그램에서 차지하는 콘텐츠에는 즐기는 문화의 비중이 높다.

지금 즐기기 위해 어떤 목표도 없이 준비를 하고 있지 않은 사람보다는 준비한 자에게 기회는 웃으며 먼저 찾아온다.

농부가 기후변화로 예상하지 못한 태풍이 찾아와서 일 년 농사를 망쳤을 때 '태풍의 경로가 비껴만 갔더라면' 하며 농사는 지을 것이 못

된다고 탓만 할 수 있다. 그러나 10년 후 20년 후 농사꾼으로 커다란 수확을 얻어 평소 이루고 싶던 환경을 조성해 노후를 편안히 보내는 모습을 품었으면 올해 농사를 망쳤어도 다시 재기하려는 마음이 우러나오고 고난을 극복해내며 또 다시 태풍이 몰려온다고 해도 작물이 쓰러지지 않도록 대책을 세우는 행동에서 달라진 모습을 발견할 수 있다. 미래에서 현재의 행동을 읽을 수 있다. 현재에서 미래를 바라보고 준비하는 것과는 다른 상황이 일어난다.

우리나라는 고령화사회로 접어들었다. 앞으로 고령화 현상은 더 급속히 진행될 것이다. 2050년이면 한국 인구의 3분의 1은 65세 이상의 노인이 살아간다. 경제활동 인구의 절반 이상을 50세 이상의 고연령층이 차지하게 된다. 인간의 평균수명은 갈수록 늘어나는 반면 기업의 평균수명과 은퇴시기는 점점 짧아지고 있다. 또한 노령화사회와 맞물려 불확실한 경계사회의 진입에서 급격한 사회변화가 우리나라에 성큼 다가오고 있다. 인생 2막이란 용어가 심심찮게 등장한다. 청년이든 장년이든 누구에게든 당연하게 여겨지는 인생이란 시간. 이제는 인생 1막을 살아가며 인생의 2막을 어떻게 살아갈 것인가를 미리 고민하며 준비해야 할 필요가 있다.

이제 산업구조와 고용형태의 변화로 평생직장의 울타리가 대한민국에서는 유물이 되어버렸다. 정년을 다 채우고 은퇴를 해도 20~30년의 인생이 더 남아 있다. 인류가 역사상 경험해보지 못했던 초고령화사회는 많은 문제를 안고 있다. 퇴직금 제도의 개선과 노인 일자리 창출 등의 경제적 토대 마련 못지않게 심리적, 정신적 가치관의 리모델링이 요구된다. 고령화사회를 긍정적으로 바라보며 인생의 1막의 경험과 아픔을 기억해야 한다. 2막을 더욱 풍요롭고 성숙하게 살아갈 수 있도록, 미래에서 현재를 읽고 차분히 준비하는 통찰력이 있어야 한다. 자신의 10년 또는 15년이라는 미래에서 현재를 바라본다면, 자신이 지금 해야 할 일들의 중요성과 우선순위가 무엇인지 판단할 수 있을 것이다. 인생의 궁극적 목적이 행복한 삶이라면 기회가 있을 때 미리 설계해보는 것도 좋다.

꿈이 있는 사람은 눈에 보이지 않는 미래를 바라보고 있다. 미래를 바라보는 사람은 꿈이 있는 사람이다. 꿈을 이루었을 때 그 시점에서 과정을 역으로 내려와 지금이라는 순간 어떻게 사고하고 행동해야 하는가? 무엇이 중요하며 무엇을 최우선으로 해야 할 것인가를 알게 되는 것이다. 이제 과학기술의 발전과 더불어 급격한 사회 환경의 변화는 피할 수 없는 상황이 되었다. 어느 날 갑자기 나에게 닥쳐온 불행이 아니라 진정한 의미에서 새로운 삶의 기회로 보자. 인생 1막이 타고난 환경에 의해서 어쩔 수 없이 속하게 된 운명적 삶이었다면 인생 2막은 스스로 선택할 수 있다. 내가 찾고 있었던 행복, 바로 그 삶일 수 있기 때문이다.

인생 1막을 시작할 때는 대부분 자기가 꼭 하고 싶은 것이 무엇인지 그 분야를 모르는 경우가 많다. 자신이 진정으로 원하는 삶이 무엇인지 제대로 알지 못한 채 인생을 시작한다. 즉 부모와 친구, 사회에서 바라보며 기대하는 대로 성장하여 살아간다.

　사실 청소년기에 학교생활을 하다 보면 시험 준비하기에 바쁘다. 그러다 보니 자신의 적성이나 자기 이해 없이 살다가 성인이 된다. 그렇게 세월을 보내다 보면 어느 날 인생 2막이 열린다. 단 한 번뿐인 인생에서 자신이 원하는 삶을 스스로 열어나갈 수 있다면 어떨까? 인생 2막은 설계되고 준비된 자들에게 미소를 지으며 다가올 것이다.

　사람은 누구나 한 번쯤 이루고 싶은 비전을 가지고 살아가지만, 예상치 못한 실패를 하게 되면 갑자기 꿈이 깨지면서 삶 자체가 무기력해질 수 있다. 그러나 계속해서 자신의 꿈을 새롭게 꿀 수 있다면, 고난과 역경을 비교적 쉽게 극복할 수 있다. 또한 비전을 향해 나아갈 수 있는 에너지도 얻게 될 것이다.

　헨리 포드는 나이가 들어서야 아주 조그맣게나마 자신이 머무를 집을 지었다. 주변 사람들은 집이 너무 작은데 이렇게 작은 집에서 어떻게 살겠느냐는 질문을 했다. 그러자 그는 마음의 꿈이 있으면 아무리 작은 집이라도 행복한 가정을 만들 수 있다고 대답했다. 헨리포드는 꿈의 의미와 가치를 잘 알고 있었던 것이다.

　세계적으로 유명한 존스 홉킨스 병원의 재활의학과 수석 의사인 이승복 씨. 그는 체조선수였을 때 연습 도중 사고가 났다. 18살에 전신마비 환자가 되자, 체조선수의 꿈을 포기할 수밖에 없었다. 그 후 그는 자신과 같은 환자들을 돌보는 의사의 꿈을 선택했다. 환자들은 이승복 씨를 마술의 힘을 가진 의사라고 칭찬한다. 그의 진료를 받을 때는 기뻠을 느낀다고 한다. 그는 하나의 꿈이 좌절되었다고 해서 그의 삶 전체를 포기하지 않고 새로운 꿈으로 다시 일어섰다.

미국 템플대학교 설립자 러셀 코웰 박사는 2차 세계대전 후 미국에서 백만장자로 성공한 4,043명을 조사했다. 그 결과 흥미로운 공통점을 발견했다. 성공한 사람들에게는 분명한 세 가지 철학이 있다는 것이다. 첫째는 인생의 목적이 분명했다. 둘째는 최선을 다해 살아왔다. 셋째는 자신의 무능과 무지를 통감했다.

첫째, 목적이 분명하다는 점은 예일대학교에서 65세에 정년퇴직한 미국인들을 대상으로 설문조사한 결과와도 유사하다. 정신적으로 물질적으로 만족스럽게 살아왔다는 상류층의 사람들. 그들은 젊었을 때부터 이미 구체적이고도 분명한 목표를 세우며 세상을 살아왔다.

둘째, 최선을 다한다는 것은 자신의 인생에서 편안함을 포기하고 목적을 이루기 위해 노력했다는 것이다. 여기서 편안함을 포기한다고 과정이 행복하지 않은 것이 아니다. 자신이 좋아해서 선택한 목표는 코피를 흘리면서도 노력과정에서 희열을 느낄수 있다. 그러다 보니 남보다 정신적, 물질적으로 편안하게 살게 되었다는 것이다. 그리고 성공하지 못한 대부분의 사람들은 실패한 것이 아니라 도중에 포기한 사람들이다.

셋째, 자신의 무능과 무지를 통감한다는 것은 매우 현명한 사람을 말한다. 그들은 자신을 낮추며 남의 말에 귀 기울일 줄 아는 경청의 능력이 뛰어난 사람들이다. 인간이 아무리 탁월해도 일방적이 되면 통할 수 없는 것이 커뮤니케이션의 원리다. 즉 화려하고 비싼 자동차도 혼자 독점하면 도로가 발달할 필요가 없기에 소유의 가치는 있으나 활용의 부가가치는 낮다. 그 가치를 높이려면 타인도 도로를 자유롭게 이용할 수 있어야 비로소 도로인프라가 발달해 자신의 자동차 가치가 빛난다. 휴대전화나 인터넷, 이메일을 타인도 함께 가져야 자기 소유의 의미가 생기는 네트워크의 법칙과 같다.

어느 정신과 의사는 교만한 사람은 남의 이야기에 귀 기울이지 않는다고 한다. 아무리 뛰어난 사람일지라도 한 개인의 지식과 경험은 제한적일 수밖에 없다. 따라서 지혜로운 사람은 자신의 경험과 지식의 한계를 느끼고 더 배우기 위해 타인의 이야기를 경청하려고 노력한다. 이들은 자신들의 힘으로 세상을 바꾸려는 꿈도 꾸지 않는다. 화려하고 장엄한 구호를 함부로 입에 올리지도 않는다. 그들은 겸손하기에, 어떤 상대도 함부로 얕보지 않는다. 자기보다 더 뛰어난 사람들이 많음을 인정하기에 항상 새로운 것을 배우고 발전하려 한다. 그래서 다른 사람의 작은 목소리에도 귀를 기울이며 소중히 여긴다. 또한 이들은 자신은 물론 다른 사람의 인생을 자신의 목적을 위한 수단으로 여기지 않는 사람들이다.

인생에서 자신의 성공만을 목표로 자신에게 주어진 시간을 모두 소비해온 사람들은 결국 삶을 마감할 때 대부분 후회한다. 자신이 노력한 열매를 따먹으며 즐기기에는 이제 시간이 없어져버린 것이다. 자신의 삶과 꿈이 소중한 만큼 타인의 삶과 꿈에도 관심을 기울여야 한다. 그들이 성장하도록 돕고 자신이 쌓은 실력과 부를 타인을 위해 사용하는 사람은 자신의 꿈과 실력의 영역을 그만큼 확대하는 사람이다. 아직 기회가 있을 때 타인의 삶에 관심과 의미를 갖고 접근해보라. 그 사람의 꿈은 확대되고 세상은 삭막하지 않게 된다. 물질적, 정신적으로 풍요로운 사회가 될 것이다.

보편적으로 사람들은 관 뚜껑을 덮기 전에 세 가지를 후회한다. '죄보다 즐겁게(재미있게) 살걸…, 조금 더 인내할걸…, 조금 더 베풀걸…' 하며 후회한다. 역으로 생각해보면 첫 번째는 성공이라는 출세한 모습을 보이고 유지하기 위해 주변을 바라볼 시간도 생각도 없었던 사람이다. 앞만 바라보고 열심히 살았다는 의미가 담겨 있다. 두 번째는 사람과의 관계에서 자신의 감정을 잘 다스리지 못해 폭발하여 일을 크게 그르쳤던 경험에서 나온 말이다. 세월이 흘러서 그때 조금만 더 참았더라면, 조금 더 마음을 넓게 가졌더라면 하는 아쉬움이다. 세 번째는 주변의 어려운 사람들을 도외시한 채 자신의 성공과 출세만을 위해 정신없이 살아왔다는 아쉬움이 남는 말이다.

이와는 반대로 진정한 의미에서 성공한 사람들의 공통점은 무엇일까? 인생에서 구체적이고 분명한 목표를 가지고 살아간다. 또 시간적 제약 속에서도 무형적 자산인 시간을 계획적으로 활용한다. 그리고 확실한 가치관과 철학을 가지고 묵묵히 일생을 걸었다는 점을 엿볼 수 있다.

자신이 설정한 목표로 목적지를 향해 걸어갈 때, 과정이 중요하다.

나와 관계를 맺고 있는 동료나 주변사람들이 얼마나 중요한가? 자신의 삶을 통해 이웃을 행복하게 만들어야 한다. 자신의 부족함을 깨닫고 겸손하게 타인의 지혜를 받아들이는 사람들. 자신과 타인의 삶을 아울러 행복하고 풍요롭게 만드는 사람들. 그들이 있어 더불어 행복하다. 진정한 의미의 성공은 이웃들과 함께하는 삶과 행복에 있다.

누구에게나 단 한 번밖에 주어지지 않는 인생이라는 무대. 자의든 타의든 당신 앞에 펼쳐져 있다. 그 막이 내릴 즈음에 후회를 남기지 않을 자신이 있는가? 값지고 의미 있는 시간들을 보내려면 당장 오늘의 삶을 재점검해보는 것이 필요하다. 인생의 시계는 단 한 번 멈추는데 언제, 어디서 멈출지는 아무도 모른다. 마음에 상처 하나 없는 사람이 어디 있겠는가? 과거의 아픔과 기억에 머물러서는 안 된다. 현재 자신이 하고 있는 일을 사랑하고 나와 함께하고 있는 사람을 소중히 여겨야 한다. 현재를 선물로 생각하고 감사하게 살아가자. 인생의 시계가 멈출 때 후회 없는 미소를 지을 수 있기를 바란다.

우리가 살아가면서 갑작스럽게 느끼는 본질적 위기가 있다면 그것은 무엇일까? 이론은 알고 있고 올바른 말인데, 현실과 달라 실천하지 못하면 문제가 생긴다. 내 자신이 체화體化되지 못하면 지식과 현실 사이에서 비현실성이라는 갭Gap이 바로 위기로 나타나기 때문이다.

위기 속에는 보물이 함께 숨겨져 있다는 사실 또한 기억하라. 어쩌면 위기의 순간이 지금 결정에 따라 훗날 대체할 수 없는 최고의 전문가로 자신을 탈바꿈 시켜놓을 수 있는 절호의 타이밍이다.

Chapter2 내 삶의 행복지수,

　　"나는 행복한 사람이다."라는 말을 누군가에게 전달한다고 해서 정말 행복한 사람일까? 당신은 진정 행복한가? 말로 전달되지 않아도 좋다. 마음으로 전달되는 행복한 느낌을 다양한 언어 외에도 여러 가지 방법으로 표현할 수 있다. 행복은 눈에 보이는 것만이 진실이 아니기 때문이다. 살아온 날들보다 살아가야 할 날이 적게 남아 있는 사람들 중에 행복을 위해서 눈에 보이는 물질과 같은 것들을 포기하는 사람들이 있다. 내·외적 변수도 중요하지만 내면에서 우러나오는 자신의 본질적인 마음에 행복이 달려 있다.

　　행복감을 느끼는 것은 주관적인 감정이다. 하지만 한국에서 살아가고 있는 한, 우리는 한국사회의 정치, 사회, 경제, 문화 환경의 영향권을 벗어날 수 없다. 당대를 이끄는 사람들의 가치관에 영향을 받고 있으며 앞으로도 그럴 것이다.

1. 내 삶의 행복지수
2. 행복의 함수관계
3. 장기적인 안목을 가져라
4. 행복해하는 사람이 행복하다
5. 정신적 여유 - 선택권은 내게

§01 내 삶의 행복지수

'자신이 얼마나 행복하다고 느끼는가'를 스스로 측정하는 지수를 행복지수(HPI, happy planet index)라고 한다. 행복지수는 주관적인 감정인데다가 자신이 속한 사회나 국가의 문화 및 가치관에 의해 많은 영향을 받는다. 그렇기 때문에 행복지수가 삶의 질적 수준을 그대로 수치화하여 반영한다고 할 수는 없다. 즉 주관적인 감정을 다른 사람과 비교해서 수치화한다는 것 자체가 어렵다. 그러나 자신의 삶의 재정비와 재충전을 위해서 자신의 가치관과 행복에 대해 한 번쯤 생각해볼 필요는 있을 것이다.

주관적인 삶의 만족도는 미국 미시간대학교의 로널드 잉글하트 교수의 '세계 가치관 조사(World Values Survey)'가 가장 많이 인용된다. 세계 가치관 조사의 행복지수는 '매우 행복', '약간 행복', '약간 불행', '매우 불행' 등 4개 항목의 응답에 대해 가중치를 두고 평균을 내 결론을 낸다.

1981년부터 미국의 미시간대 사회연구소는 세계 각국 국민 1,000~2,000명에게 설문조사를 하여 각국의 국민들이 느끼는 행복지수를 산출해왔다. 주목할 만한 것은 행복지수의 결과가 국가적인 빈부의 순위와는 상당히 다르다는 것이다. 미시간대에서 2004년 82개국을 조사한 결과 1위-푸에르토리코, 2위-멕시코, 3위-덴마크, …12위-엘살바도르, 19위-나이지리아 등으로 상위권에는 경제적인 부국과 빈국이 골고루 포함되어 있었다. 하지만 중국 48위, 한국 49위 등으로 아시아 대부분은 중하위권에 머물렀다.

다른 행복지수들도 있다. 영국 민간 경제연구소 신경제재단(NEF, New Economics Foundation)은 2006년 178개국을 대상으로 행복지수를 조사하였는데 주관적인 삶의 만족도에 객관적인 기대 수명치 등을 반영해 지수를 산출하였다.

이에 따르면 1위-바누아투, 2위-콜롬비아, 3위-코스타리카 등이었고 일본 95위, 한국 102위, 영국 108위 그리고 미국이 150위로 나타났다. 1위를 한 바누아투는 국내 총생산(GDP)이 전 세계 233개국에서 207위의 빈국이었다. 오히려 많은 경제적 부국들이 하위를 차지했다. 이는 행복지수는 GDP 같은 경제적 부와는 별로 관계가 없다는 것을 보여준다.

2009년도의 NEF의 국가별 행복지수를 보면 1위를 중미의 코스타리카가 차지했고 10위권 가운데 도미니카(2위), 자메이카(3위), 쿠바(7위) 등 중남미 나라가 9곳이나 됐다. 베트남이 5위로 아시아에서는 홀로 10위 안에 들었다. 선진국에서는 네덜란드가 43위, 독일 51위, 일본 75위, 미국은 최하위권인 114위로 나타났고 한국은 68위였다.

행복지수 최하위와 최고를 단순 비교해보면 최하위 국가인 미국은 금융위기를 겪고 있음에도 불구하고 여전히 선진국으로서 물질자원과 인재강국이며 강대국으로서 1위 지위를 가지고 있다. 반면에 코스타리카는 지진이 많이 발생하는 국가로 사람이 느끼지 못하는 미진微震까지 합하면 지진횟수가 연 천 회 정도고, 지진 이야기만 나오면 국민들이 민감하게 반응하며 불안해한다. 지진에 대비하여 건물들은 대부분 단층이며 함석판으로 되어 있다. 또한 세계에서 세 번째로 군대가 없는 영세 중립국이다. 비교적 빈부격차가 크지 않으며 국토의 23%가 생태계 그대로 보존된 국립공원으로 보호를 받고 있다.

미국의 인구는 약 3억 2천만 명, 경제적으로는 최근 금융위기를 겪었고, 반면에 코스타리카의 인구는 약 4백만 명으로 최근 인텔공장이 들어오면서 생활여건이 나아졌다. 코스타리카와 미국을 왕복하며 71일 동안 두 나라의 생활수준을 살펴보았는데 미국과 코스타리카는 모든 면에서 상대가 되지 않아 보였다. 만일 코스타리카도 미국처럼 1인당 국민소득이 올라가면서 교육정도와 값비싼 건물과 농장, 자동차들이 많아진다면 행복지수가 더 높아질까? TV와 휴대전화가 보편화되면

서로가 느끼는 상대적 부의 비교가 쉬워지면서 국민의 행복지수가 내려간다는 분석결과도 눈여겨봐야 한다.

NEF가 소득수준은 행복과 전혀 무관하다면서 아예 제외시키고 평균수명, 삶의 만족도, 자연환경의 세 가지 요소만을 기준으로 행복지수를 발표한 것은 하나의 잣대일 뿐이다. 세 가지 요소 외에 소득의 변이變移가 외부 변수로 작용하지만 일정 소득이 넘으면 더 이상 행복해지지 않는 현상이 나타난다. 그것은 소득을 위해 다른 부분이 희생된다는 것을 의미한다. 자국 내에서 행복지수를 평가할 때 부富는 비물질적인 행복을 느끼는 데 상당히 중요하게 작용한다.

영국의 심리학자 로스웰과 상담사 코언은 18년 동안 1,000명의 남녀를 대상으로 실험을 했다. 자신들을 더 행복하게 해주는 다섯가지 상황에 대해서였다. 그리고 2002년 행복공식을 발표했다. 그들은 행복이 개인적 특성인 P(personal), 생존조건인 E(existence), 고차원적 상태인 H(higher order) 등의 세 가지 요소에 의해 결정되는데, 인간의 행복에 있어서 가장 중요한 요소는 생존조건인 건강·돈·인간관계 등이라는 것이다.

행복지수와 관련하여 2008년 8월 14일 MBC와 한국사회학회의 발표도 참고할 필요가 있다. '한국인의 삶에 대한 생각'에서 한국인은 행복하다고 응답한 사람이 74.7%, 행복하지 않다는 응답이 24.1%로 나타났다. 특이할 만한 점은 한국인이 생각하는 행복의 조건이 크게 달라졌다는 것이다. 7년 전에는 건강과 가족이 우선이었지만, 이번 조사에서는 돈이 첫 번째로 꼽혔다. 실제로 소득과 행복도는 밀접한 상관관계를 보여주었다.

행복이 점점 무형적인 것에서 유형적인 물질적 잣대로 옮겨가는 현상을 낳았다. 자본주의 사회에서 돈은 상당히 소중한 것이지만, 그렇다고 돈에 종속된다면 인간은 돈의 노예가 되고 만다. '어디에 사는가가 당신을 말해준다'라는 아파트 광고는 비교심리 때문에 소중한 가족과 이웃이 더불어 살아가는 행복을 잃어버리게 한다. 해마다 조사기관에서 시행하는 행복한 국가 순위는 약간씩 바뀌지만 행복한 국가의 특징 가운데 공통분모는 타인의 학벌이나 부富, 외모 등이 자신을 대신하지 않기 때문에 비교되는 질문도 없고 스스로 비교하지도 않는다. 즉 연봉이 얼마냐? 어디에 사느냐? 학벌이 어떻게 되느냐? 라는 문제는 관심이 없다는 것이다.

2010년 경제전문지 포브스가 갤럽에 의뢰해서 155개국 대상으로 조사한 결과 지구상에서 가장 행복한 나라로 덴마크를 1위로 선정하고, 한국은 56위로 선정했다. 덴마크는 선진국뿐만 아니라 지구상에서 행복지수가 가장 높다. 그 이유는 국민들이 자신이 좋아하는 일에 종사하고 있고 정부에 대한 신뢰도가 가장 높고 남과 비교하지 않는 것이었다.

세계 가치관 조사의 한국 내 조사를 담당하고 있는 화정평화재단과 21세기평화연구소에 따르면 한국인은 국민소득 1만 달러를 갓 넘겼던 10년 전에 비해 덜 행복하다고 나온다. 2005~2007년에 걸친 조사에서 한국인의 행복지수는 65.93점으로 세계평균(69점)에도 못 미쳤다. 1995~98년에는 66.04점이 나온 바 있다.

스스로의 정신적 노력과 마음이 행복을 끌어들인다는 것을, 행복의 중심에는 자신을 비롯한 가족과 이웃들이 있다는 것을 기억해야 한다. 그렇지 않으면 타인과 더불어 살아야 하는 이 사회에서 행복을 비교하는 것이 아니라 눈에 보이는 요소들을 비교하는 경쟁의 심리는 상대를 배려하지 못하고, 인격과 사람의 품성인 인성을 황폐화시킨다.

한국인의 행복지수에서 '돈'은 상당한 비중을 차지한다. 직장에서도 지위와 함께 월급이 올라가면 행복감은 증가하는 것으로 나타났다. 그래서 세계 13위의 경제대국이지만, 반면에 주관적 요소가 내재된 세계 각국의 상대적인 행복지수에서는 102위라는 낮은 행복지수를 보였다.

GDP가 세계 207위에 해당하지만 행복지수가 1위 국가인 바누아트는 20세기 초까지 영국과 프랑스의 공동식민통치를 받았다. 따라서 영어, 프랑스어, 그리고 30개 부족의 30개 언어가 함께 공용어로 사용되고 있다. 1980년 정치적으로는 독립했지만 경제적으로는 아직도 영국과 프랑스의 영향 하에 있다. 단지 NEF가 행복지수 1위인 국가로 발표했다는 이유만으로 그들의 삶의 질적 수준이 높다고 할 수는 없겠다. 또 한국이 그들을 닮아가야 한다고도 생각하지 않는다.

그러나 세계 13위의 경제대국이면서도 행복지수가 102위에 머물러 있다는 것은 바람직한 현상이 아니다. 행복지수의 순위에서 상위권

에 있는 국가들과 하위권을 맴도는 국가들의 차이는 무엇일까? 국가적
부의 크기와 관계없이 국가 내의 빈부격차가 큰 나라들이 주로 하위권
에 있다. 또한 대부분의 아시아 국가들 역시 하위권에 위치한다. 따라
서 세계 각국의 행복지수는 자국 내의 빈부격차의 크기와 문화 및 가
치관이 반영되어 나타난다고 하겠다.

국가 차원에서 행복지수를 높이려면 우선 소득이 적은 층을 대상
으로 부가가치를 창출할 수 있는 토대를 구축하여 그것을 기반으로 빈
부격차를 줄여야 한다. 예를 들자면 공익적인 성격은 국가에서 다소
손실을 가져오더라도 그들을 고용해서 저변확대를 꾀해야 한다. 또 더
불어 살아가는 가치관을 가질 때 우리 국민 전체의 행복지수는 높아
질 수밖에 없다.

개인적인 차원에서의 행복지수를 높이려면 어떻게 하는 것이 좋
은가? 영국의 로스웰과 코언은 인간이 행복하기 위해서 건강, 돈, 인간
관계 등이 중요하다고 말하지만, 필자는 추가해서 다음과 같은 노력을
할 것을 제언한다.

①틈틈이 가족과 자신에게 시간을 쏟는다.
②사고의 유연성을 가지고, 모범답안만 있는 교재적인 고정관념
　의 틀에서 벗어난다.
③남과 경쟁하는 장밋빛 목표보다 자신이 좋아하는 분야에서
　실현 가능한 목표를 설정해 최선을 다한다.

인간의 행복지수를 높이기 위해서 공통적으로 나타나는 것들이 있다. 자신의 가치관을 정립하고, 현재를 살면서 주변 사람들을 소중히 여기고, 자신의 삶에서 실현 가능한 목표를 갖는 것이다. 살아가는 데 있어서 학식, 재산, 지위, 명예 등은 상당히 중요하다. 그러나 이러한 것들은 혼자만의 행복보다는 가족과 이웃, 더 나아가 자신이 속한 공동체를 위해 사용되고 활용되어야 한다. 그래야 보다 큰 기쁨과 행복을 가져다줄 것이다. 혼자만을 위해 사용된다면 그 기쁨은 제한적이며 일시적이다. 인간은 사회적인 존재이지 혼자만 잘 살도록 창조되지 않았기 때문이다.

행복하려면 현재의 상태에서 형제와 친척, 친구나 동창 등과 비교하지 말고, 자신의 과거와 비교해야 한다. 자신의 정신적 사회적 환경이나 조건들보다 더 성장하려는 욕심은 권장할 만하다. 나이지리아보다 우리나라의 행복지수가 낮다고 해서 그들의 삶을 따라갈 필요는 없다. 문제는 그 목표나 욕심이 자신을 발전시키며 이웃과 나라에도 기여를 하는 것인가, 아니면 단순한 비교의식에서 나온 상대적 박탈감 때문인가, 자신의 가치관과는 상관없이 반칙과 같은 무리한 방법을 동원해서라도 목적을 이루려는 것인가 하는 데 있다.

욕심을 버려서 행복지수가 높아진다고 말하는 것은 자신을 속이는 것이다. 물론 자신을 일시적으로 마춰시키며 쾌락이라는 탐욕의 끝의 결과가 자신에게도 이웃에게도 불행이 되는 행동은 과감히 그 뿌리조차 마음에서 캐내어 버려야 한다. 자신의 행복을 위해 남의 행복을 해치는 사람은 어리석은 사람이다. 더 큰 행복을 놓치고 있기 때문이다. 그러나 자신이 행복하게 잘 살아야 한다는 욕심이나 목표의 추구가 정의롭고 올바르다면 오히려 장려해야 한다. 가치 있는 삶이라는 가치관과 연결되고 이웃과 사회를 위해 보람된 것이라면 그 욕심은 바람직하다.

§02 행복의 함수관계

당신은 살아오면서 몇 살 때 가장 행복했습니까?

행복한 시기의 평균연령은 설문지를 돌려 통계를 내면 알 수 있지만 행복했던 시기는 사람마다 다르다.

몇 년 전, 경제 주간지인 〈이코노미스트〉에 '행복의 인류학'이라는 제목의 글이 실린 적이 있다. 홍콩에서 가정부로 일하는 필리핀 여성들을 통해 행복의 진정한 의미를 묻는 내용이었다. 기사에 따르면 14만 명가량의 필리핀 여성들이 홍콩에서 가정부로 일하고 있다. 이들 가운데 절반은 대학을 나와 결혼도 했지만 가족을 부양하기 위해 홍콩으로 온 사람들이었다. 절반 이상이 비좁은 아파트의 욕실이나 부엌, 심지어 천장에서 새우잠을 잔다고 했다. 그런데 놀랍게도 이들이

'행복감'을 느낀다는 것이다. 그냥 느끼는 정도가 아니라 세계 최고 수준이라는 내용이었다.

〈이코노미스트〉지는 마닐라의 필리핀 대학교 조사자료를 인용해서 이들이 아시아나 서구 어느 나라 국민들보다 스스로 행복하다고 느낀다고 쓰고 있다. 한 필리핀 가정부는 다음과 같이 말했다.

"나는 월급 4백 달러를 받지만 행복하다. 그러나 연봉 1백만 달러가 넘는 내 주인은 행복하지 않다."

그 이유로 필리핀 토속어인 타갈로그어로 '카프와'라는 개념에 주목한다. 우리말로 '더불어 살기'나 '남을 위해 살기'에 해당하는 말이다. 이들은 비록 가난하지만 고통도 즐거움도 함께 나누는 '카프와'를 통해 행복을 발견한다는 것이다. 행복감이 주관적이며 문화적인 영향을 받는다고 할 때, 필리핀 가정부들의 행복감은 필리핀의 문화적 가치관에 의해 영향을 받은 것임에 틀림없다. 여성들의 일방적인 희생 위에 쌓이는 가족의 행복이 바람직한 것이라고도 말할 수 없다. 그럼에도 불구하고 그들이 느끼는 행복감은 행복이 자신뿐만 아니라 가족과 이웃에게 연결되어 있다는 것을 보여준다.

가치관이 정립되지 않고 이웃과 더불어 사는 방법을 잊어버렸다고 한다면 돈은 인간의 행복에 별로 기여할 것이 없다. 미국의 한 언론사에서 벌였던 흥미로운 조사는 돈이 많다고 해서 행복한 것은 아니라는 결론을 보여준다. 복권 당첨으로 천만 달러 이상 돈벼락을 맞은 사람 중에 80% 정도의 사람들이 당첨된 후 더 불행해졌다고 한다. 목돈이 생기면서 집과 차를 바꾸고, 욕심이 더 불어나 배우자까지도 바꿀 욕심을 부리다가 결국 가정이 파탄난 경우가 많았다.

어려운 가정생활이라도 가족들이 옹기종기 모여 살며 가족들 간에 끈끈한 정을 쌓으며 행복하게 살고 있는 사람들은 표정이 밝고 신체적 나이 또한 실제 나이보다 젊어 보인다. 이러한 사실은 신체가 감정에 민감하게 대응하기 때문에 긍정적인 사고는 맥박을 고르게 하고, 위장의 활동을 도와 소화력을 증진시키기 때문이다. 반면에 매사 부정적인 사고와 짜증은 혈액순환을 방해한다. 맥박을 급하게 하는 동시에 위장의 운동을 정지시켜 음식을 거부하게 만들고, 들어온 음식마저 부패시킨다.

만일 당신이 오늘 아침에 병들지 않고 일어났다면 이번 주를 넘기지 못하는 수백만의 사람보다는 축복받은 것이고, 은행계좌나 지갑에 약간의 돈이 들어 있다면 이 세상에서 8%의 부유층에 속한다. 그리고 냉장고에 음식이 있고 비바람을 막을 지붕이 있어 잠잘 곳이 있다면 지구상의 75% 사람들보다 부유하다.

현재의 가치는 매우 중요하다. 어제는 지난날이며 내일은 나의 날이란 보장이 없다. 오늘이라는 이 시간은 내 인생에서 남은 날 중에 가장 젊은 날이고, 첫 시간이다. 지금 이 시간이 얼마나 소중한가를 생각하라. 매사에 앞에 있는 사람에게 감사한 태도를 보이고, 그러한 생각을 가져라. 그러면 행복하게 살아갈 수 있다.

지인知人이 직장에서 은퇴 후 통신사 대리점을 냈다. 고객에게 무엇인가 대접하려고 사탕을 가득 담은 상자를 눈에 잘 띄는 곳에 놓아서 손님이 들어오면 언제나 마음껏 먹을 수 있게 했다. 그런데 몇 년이 흘러도 사탕을 가져가면서 감사하다는 소리를 어른이나 아이들에게 들어본 기억이 없었다. 오히려 어른들은 당연하다는 듯이, 아이들은 들어오면 서로 몇 개 더 집어가려고 다투는 모습만 볼 수 있었다. 그래서 사탕박스를 숨기고 고객이 오래 머물면서 제품을 고를 때, 심심하시면 사탕을 들면서 천천히 골라잡으라고 했다. 그랬더니 아이들은 행복한 표정을 짓고 두 손으로 사탕을 받으며 "감사합니다!"라고 했다. 어른들도 물론 반가운 태도를 보이며 고마움을 전했다.

감사해서 감사한 것이 아니고 행복해서 행복한 것이 아니다. 알고 보면 행복은 자신이 느끼는 인식의 문제다. 비록 경제적으로는 부유해도, 마음속에 정신적인 공허함이 내재되어 있다면 어떤 사회에서도 행복하기 어렵다. 아무리 돈이 많다 한들 행복을 돈으로 살 수는 없다.

나는 지금 앞에, 옆에 있는 사람들에게 조금이라도 관심을 갖고 행복감을 주고 있는가? 아무리 생각해보아도 이해관계가 앞서기 때문에, 또 습관이 되지 않았기에 자신이 서지 않는다. 더 노력해야 한다는 의미가 숨겨져 있다. 지금 옆에 있는 사람에게 '왜 사십니까?'라고 물어보라. 그러면 아마도 대부분의 사람은 정말 자신이 왜 사는지 이유를 모른다. 자신이 행복하려면 최소한 그 조건이 무엇인지 알아야 하지 않겠는가? 행복의 조건에는 대략 네 가지가 있다고들 이야기한다. 육체적, 정신적, 물질적, 나눔의 건강이다. 대부분의 사람들은 죽을 때 조금 더 인내할걸~, 조금더 베풀걸~, 조금더 재미있게 살걸~ 은 무수히 많아도, 조금 더 돈을 벌걸~ 하는 경우는 거의 없다.

행복의 방정식이 있다고 가정하면, 욕망분의 소득이라는 공식이다. 즉 소득이 일정하다면 자신의 행복을 위해서는 욕망을 줄이면 되고, 불행하고 싶다면 끝없는 욕망을 추구하면 된다. 욕망을 줄이는 것은 정신적 영역이지만 반면에 욕망을 늘려서 행복을 추구하려는 것은 물질적 영역에 가깝다. 자본주의 사회에서는 물질로 교환이 가능한 화폐만 있다면 자신이 이룰 수 있는 것들이 많기 때문이다. 자본주의 사회는 경제적인 부분이다. 경제력이 있는 사람이 경제적 능력이 없는 사람보다는 현상적으로는 행복할 수 있다. 여기서 경제력은 과연 무엇인가? 돈으로 해결할 수 있는 부분이 더 많은 사람이 그렇지 않은 사람보다 더 높다는 의미일 수 있다. 그러나 돈으로 해결하지 못하는 부분은 또 얼마나 많이 존재하는가? 물질적 현상에 가려서 그것을 잊고 사는 것이 큰 문제다.

사람은 가치관과 삶의 방식이 다르기 때문에 경제적 능력을 동등하게 공유할 수 없다. 사회주의 사회에서도 경제적 평등은 오히려 경제가 경직되는 실패한 이데올로기로 치부되는 것이 현실이다. 그래서 자본주의의 꽃이라고 할 수 있는 시장경제 체제를 도입하지만 빈부격차가 확대되는 만큼 경제적 가치인 돈이 없다면 그것을 빈곤하다고 느끼면서 사회적 문제로 노출되어 고통을 겪고 있는 사람들이 점점 늘어나고 있는 것도 현실이다.

　　자본주의 사회에서 행복하게 살아가기를 원한다면 그래서 불행을 바라지 않는다면 자신의 욕망 중에서 우선순위를 선택해보는 것도 재미있을 것이다. 삶에서 꼭 필요하고 중요도가 높은 것을 적어보면 어떨까? 본인이 하고 싶고 이루고 싶은 것을 실천하면서 행복을 찾아보자. 소비수준을 낮추고 가치 있는 삶을 찾으려는 사고방식과 인간의 품격이라고 부르는 인품이 밖으로 표출되는 태도가 중요하다. 그리고 무엇보다도 자신의 욕망이 탐욕이 되지 않도록 해야 한다. 타인의 행복을 짓밟으면서 추구하는 개인의 탐욕은 자신과 이웃이라는 사회의 행복을 망가뜨릴 수 있다. 행복은 타인을 배려하는 ‘태도’가 부정적(-)이나 긍정적(+)이냐에 따라 그 결과가 다르게 나타난다고 한다. 행복은 지극히 주관적이기 때문이다.

　　객관적이고 물리적이라면 개량화가 가능하지만 진정 사랑하는 사람이라면 혹독한 시련도 희생도 문제가 되지 않는다. 언제나 그 사람을 사랑하면 할수록 마음에 그리움만이 찾아온다. 그럼에도 불구하고 진정 사랑하는 사람을 위해서 사랑의 끈을 놓기도 한다. 그래서 자신의 사랑을 채우려는 탐욕적 마음을 비울 때에 그 공간에 자연스럽게 행복감이 찾아온다. 어떠한 것도 탐욕적 소유는 욕심이고 불행을 자초하는 번뇌의 시작이다.

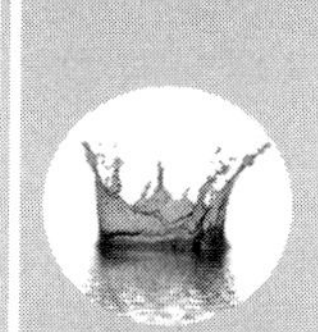

§03 백지에 행복한 그림을 그려라

회사생활을 할 때다. 직원들이 주로 이용하는 식당이 있는데 안주거리가 바로 직장상사를 헐뜯거나 재미삼아 씹는 내용이었다. 그러면서 웃고 즐긴다. 하루의 근무일과가 피곤할 수 있지만 부정적 그림을 보면서 행복해하는 사람은 마치 술주정꾼이 같은 술주정꾼 얼굴을 바라보면서 행복해하는 모습을 연상하게 한다. 반면에 자신이 하는 일에 가치를 두고 좀 더 잘하려고 노력하는 사람은 나중에 행복한 사람이 될 가능성이 높다. 그림 속에 있는 불행한 모습을 바라보면서 행복한 모습이 그려지지 않는다. 검은 그림자가 드리운 자신의 불행을 백지로 포맷하라. 그리고 다시 그림 그리기를 시작하라. 과거는 과거일 뿐이다. 포맷한 하얀 종이 위에 행복한 그림으로 미래를 그려가면서 개척하라. 행복한 그림은 실천이 수반되지 않으면 백지인생이다.

참기름은 직장동료인 라면과 함께 열심히 회사생활을 하고 있었다. 그런데 시간이 흐르면서 전에 보이지 않던 라면의 단점이 보이기 시작했다. 어느 날, 라면이 경찰서에 불려가 조서를 쓰다가 구속되는 사건이 벌어졌다. 그것은 참기름이 고소했기 때문이다. 라면도 가만히 있을 리 없다. 어느 날 참기름을 구속시켰다. 유치장에서 견디며 인내하다가 며칠을 못 참고 결국은 라면이 불어버렸다. 두 동료의 절친한 공동체 운명은 불행하게도 거기서 끝났다. 더 기가 막힌 것은 그 뒤에 음모론이다. 즉 소금이 짜서였다는 모략이 있었다. 소금의 역할이 엉뚱해졌다. 그러한 구성원들이 사회나 조직내부에 있는 한, 사회는 물론 그 조직은 제대로 건강하게 발전하기 어렵다.

세계적인 거부 강철왕 앤드류 카네기는 성공한 기업가이면서 자선사업가다. 그는 회자膾炙되는 수많은 말을 남겼다. "아홉가지 잘못한 일을 꾸짖기보다는 한 가지 칭찬을 해주는 것이 그 사람을 변화시키는데 효과가 있다."라는 말이 있다. 남을 씹는 말을 하면 기분이 좋아지는 사람이 있다.

"헌신하면 나중에 헌신짝처럼 버려진다."

"일찍 일어나는 새가 더 피곤하고 일찍 일어난 벌레는 먼저 잡혀 먹힌다."

"고생 끝에 골병든다."

세상을 비아냥거리며 이런 말을 재미있어한다. 이러한 말은 귀를

술깃하게 한다. 그러나 이것 또한 유행처럼 지나가는 쓰레기 같은 단어 조합의 유희에 불과하다.

조직사회는 비평가를 원하지 않는다. 평론가는 언론사가 적성에 맞는 직업이다. 조직의 특성상 인재구성은 주인정신으로 충성하는 사람이 목표를 가지고 외부에 성과를 내는 사람이다. 모든 조직은 사기업이든 공기업이든 사회 어떤 조직도 외부고객이 주도하는 것이지 내부 고객인 직원이 만드는 것이 아니다. 외부고객이 찾아야 조직은 성장할 수 있기 때문이다. 고객이 없는 조직은 존재이유가 없을 뿐더러 존재자체가 무의미하다.

지금 내가 일하는 직장이라는 곳은 사람과의 관계 속에서 살아가며 호흡하는 곳이다. 그래서 시대적 상황을 분석하고 보다 장기적인 안목에서 행복한 미래를 예측해야 한다. 우리나라의 경우 90년대 초부터 정보통신기술의 급속한 발달로 단순 노동에 종사하던 사람이 지식근로자로 대체되었다. 그러면서 많은 사람이 설 자리를 잃게 되었고, '국가부도 위기'라는 초유의 사태로 모든 분야에서 생존을 위한 구조조정이 이루어졌다.

근로자들의 비정규직으로 인한 고용불안과 소득의 하락, 가정불화와 함께 찾아온 이혼율 증가, 건강악화 그리고 국민연금, 건강보험 등 국가재정까지 악화되었다. 이들은 우리 사회의 건전성까지 해치고 있다. 이러한 현상을 지켜본 신세대들은 어려운 난관을 뚫고 입사하더라도 곧바로 고용불안을 느끼게 된다. 그 불안은 저출산 현상으로 나타나고, 국가적으로는 경제활동 참가 인구감소라는 경제의 악순환을 몰고 왔다. 출산율 저하로 인구재앙이 닥쳐올 시한폭탄과 같은 개연성을 안고 있는 것이다.

최근 자유무역협정이라는 FTA의 영향으로 무역장벽이 무너져 내렸다. 이에 각 기업은 효율적 경영방법의 하나로 탄력적인 인력운용을 선택하였다. 그 결과 상시 구조조정 체제가 갖춰졌다. 일을 베낄 수 있거나 약간 업그레이드해서 할 수 있는 단순 반복적 노동을 하는 일반 근로자의 인건비가 경쟁국가보다 높을 경우에는 인건비를 줄이기 위해 외국으로 눈을 돌렸다. 중국, 인도, 인도네시아 또는 베트남과 미얀마 등으로 옮기거나 아웃소싱을 통해 서비스와 제품을 조립해서 지구촌시장 곳곳에 출시하고 있다. 더 나아가 중국이나 인도 경영자나 근로자조차도 부가가치가 높은 국가로 일감을 찾아 이동하면서 세계 곳곳에서 디지털 유목민들은 지금도 땀을 흘리며 일을 하고 있다. 예를 들면 미국에서는 멕시코에서 넘어온 히스패닉 계통의 단순 근로자들이 대부분이듯이 일부 유럽 국가에서도 인건비가 상대적으로 낮은 터키인들로 채워지고 있다.

따라서 첨단지식 근로자나 희소가치가 있는 창조적 전문직 지식근로자를 제외하고는 노동시장의 근로형태가 크게 바뀌었다. 마찰적 실업에서부터 임시직, 파트타임, 파견 계약직 등 아주 다양한 근로형태의 비정규직이 등장했다. 이들은 낮은 인건비로 노동시장의 흐름을 주도하고 있다.

이러한 노동시장의 갑작스런 변화는 젊은 세대들의 직업선택의 기준을 달라지게 했다. 미래에 대한 안정성과 신분을 보장받을 수 있는 직장을 택해야 한다. 그러나 장기적 안목으로 보면 노동시장은 늘 변화한다. 따라서 단기적 유행을 따라 판단하고 선택하게 된다면 머지않아 후회할 수 있다.

잭 캔필드와 재클린 밀러의 《잭 캔필드와 차 한잔 나누며》에 나오는 내용을 보자. 모 연구소에서 미국 아이비리그^{Ivy League} 졸업생 가운데 1천 5백 명을 대상으로 조사를 했다. 돈을 많이 벌 수 있는 유행을 따른 직업을 선택한 A그룹 83%(1,245명)와 자신이 좋아하는 일을 직업으로 선택한 B그룹 17%(255명)에 대한 조사였다. 20년 후, 어떤 변화가 있었는가를 추적해보니, 이중에서 101명의 억만장자가 나왔다. B그룹에 속한 자신이 좋아하는 일을 하던 사람이 100명이었고, 나머지 1명만 A그룹의 돈을 많이 버는 것을 목적으로 직업을 선택한 사람이었다.

어느 한 양봉업자가 사계절 꽃이 피는 열대지방에 꿀벌을 풀어놓으면 수확량이 크게 늘어나 큰돈을 벌 것으로 생각하여 꿀벌 통을 옮겨 놓았다. 첫해에는, 양봉업자가 예상한 대로 많은 꿀을 모을 수 있었다. 하지만 그 이듬해는 꿀벌들이 겨울이 없다는 사실을 알게 되면서 꿀을 모으지 않아 벌통이 텅 비어버렸다고 한다.

쌀이 없어 배를 곯던 사오정(45세 정년) 세대들은 대부분 보릿고개를 넘기며 살아온 세대다. 당시 농촌은 물론 도시에서도 배고픈 세월을 이겨냈다. 덜 먹고 덜 쓰면서 부지런히 노력하며 저축을 했던 세대들이다.

반면에 요즈음의 20~30대는 부유한 시대에 태어났다. 단지 먹고 입는 문제를 해결하기 위해서 돈을 벌지는 않는다. 그래서 이들은 아무리 어려워도 먹고 살기 위해 굳이 3D(Difficult: 힘들고, Dirty: 더럽고, Dangerous: 위험한) 분야를 찾지 않는다. 비교적 깨끗하고 환경이 좋으며 주목을 받고 있는 신3D(DNA: 유전공학, Design: 제품설계, Digital: 정보기술) 분야에서 일하려고 한다. 이들은 유명 브랜드의 옷과 신발을 좋아하고, 좋은 차를 타고 다니길 원한다. 기성세대가 생각하는 소비를 소비라고 생각하지 않는다. 오히려 자신에 대한 투자로 생각하며 살아가고 있는 모습을 엿볼 수 있다.

기성세대는 기업에 입사를 하게 되면 대부분 한 직장에서 평생 머무를 생각으로 일해왔다. 그러나 신세대는 기업에 입사하면서부터 기성세대들이 겪는 모습을 보게 된다. 자신들의 불확실한 미래를 생각하며 언제든지 다른 직장으로 이동할 준비를 하고 있다. 직장에서의 고용불안에 생활마저 불안해하고 있다. 평생고용이 보장되지 않는 사회로 변하고 있기 때문이다.

따라서 자신의 진로가 될 분명한 목표를 정해야 한다. 단기적으로는 시장의 흐름을 무시할 수는 없지만, 자신의 능력, 흥미, 성격을 잘 파악해야 한다. 각자 적합한 직업적 능력을 생각하면서 그 직업이 요구하는 능력이나 성격적 특성에 초점을 맞추어 역량을 계발해야 한다. 최대한의 준비로 직업을 선택하는 것이 자신의 몸값을 높이는 결과를 가져올 수 있다.

결론적으로 사기업이든 공기업이든 공통분모는 인재를 원하고 있고, 구직자는 고용불안이 없는 직장을 찾고 있다. 그렇다면 기업에서 뽑는 전공과 그 자리의 특성을 미리 알아야 한다. 그리고 자기이해와 평생 직업이 될 직장에 초점을 맞추어 정보를 수집해서 분석하면 된다. 그것을 토대로 철저한 준비를 한다면 직장은 바뀔 수 있어도 직업은 변하지 않는다. 적성에 맞는 평생학습을 통해 지속적으로 업그레이드해야 한다. 그러면 인생에서 후회 없는 직장생활을 영위하며 직업을 선택할 수 있을 것이다.

자신의 정신세계가 미래의 불안으로 혼란스러워도 어린아이로 돌아가 백지 위에 마치 처음인 것처럼 행복한 그림을 그려나가 보자. 행복한 그림은 과학적이거나 합리적인 것이 아니라 인간의 감정을 조율하는 주관적인 마음의 정서다. 여러 방면에서 사회적 지위가 높아지거나 아니면 돈을 많이 벌어 물질적으로 풍부하여 성공했어도 마음에 행복이 없는 사람에게서는 행복한 그림을 찾아보기가 어렵다. 자신 스스로가 행복을 그리지 않았기에 어느 누가 행복한 그림을 그려주지 못한다. 마음 문으로 들어가서 그려줄 수 없기 때문이다. 행복한 그림은 자신이 마음의 백지 위에 그려서 언제나 바라볼 수 있는 세상에 단 하나뿐인 자신의 마음속 그림이기 때문이다.

§04 행복해하는 사람이 행복하다

연인과 바닷가 최고급 호텔 레스토랑에서 부자들이나 맛볼 수 있는 고급요리를 먹으면 행복할까?

정답은 없다.

시간이 지나감에 따라, 공간에 따라, 사람에 따라 그 행복감도 달라질 수 있기 때문이다. 사랑하는 사람과 바닷가 모래사장 텐트에서 먹는 라면이 평생 잊지 못하는 기억으로 남기도 한다. 인간이 누군가를 사랑할 때 그 행복감이 최고라고 한다. 만약 행복의 조건이 물질이라면 행복은 비용이라는 행복조건이 변하면 행복감도 변한다.

바닷가재는 한 세기 전만 하더라도 비료로 쓰일 정도로 값싼 해산물이었다. 미국과 캐나다 동부해안에서 너무 많이 잡혀 죄수와 고아들에게 식사로 제공될 정도로 한때는 값싼 해산물이었다. 그러다가 무분별한 남획으로 희소해지자 사람들이 별미로 느끼면서 바닷가재의 수요 증가로 그 가치가 높아졌다. 생각을 바꾸어보면 한 세기 전만하더라도 원유도 자원으로서 가치를 인정받지 못했다. 20~30년 전만 하더라도 버려진 삭막한 사막에 파이프라인을 연결해서 사막 위에 식물을 키우고 숲을 만들고 꽃을 피울 줄 누가 알았겠는가? 미래는 예측할 수 있지만 진정 행복할지 불행할지는 아무도 모른다.

세상을 비관하며 승용차 안에서 젊은 연인들이 자살하는 사례가 종종 뉴스로 등장한다. 한국에서 20~30년 전만 하더라도 승용차 한 대는 부자의 상징이었다. 그러나 집집마다 자가용을 보유하면서 희소가치가 낮아져 자동차를 소유했다고 행복해하는 사람의 수가 과거보다 적어지고 있다. 행복은 비물질적이며 정신적 영역이다. 경험적으로 알고 있지만 남과 비교하지 않고 자신만의 목표설정을 통해 어떤 것을 스스로 노력해서 성취했을 때 더 행복하다.

세상에 태어나 친구들과 어울리기 가장 어려웠던 부문이 친구와 함께 걸어갈 수 없었던 것이다. 동생이 자전거를 배워 타고 다니는 모습을 보면서 14세가 되어서야 나도 한번 배워보겠다는 결심으로 온몸에 상처를 입어가면서 어렵게 자전거를 처음으로 타게 되었을 때 하늘을 날아다니는 기분이었다. 지체장애 2급인데 누구의 도움도 받지 않고 하루 종일 어디든 돌아다니며 목적지를 갈 수 있다고 생각하니 구름 위에 떠있는 기분을 표현할 말이 없을 정도로 행복했다. 친구들을 자전거 뒤에 태우고 도로 위를 달려보기도 했다. 다리는 조금씩 건강해지고 있었다. 나의 삶의 목적을 보편적인 시각으로 되돌아보면 무엇이 되겠다는 출세도 아니고 돈을 많이 버는 것도 아니다. 단지 소박한 보통사람으로 이루고 싶은 작은 소망 세 가지 정도였다. 소망 가운데 행복은 찾아왔다. 인생의 궁극적 목적은 행복한 삶의 추구다. 물론 쉽지 않은 일이다.

행운이 주어지는 것이라면, 행복은 누구나 소유하고 싶지만 주어지는 것은 아니다. 행복이라는 목적을 달성하려면 누구에게 돈을 주고 구매하거나 아니면 행복을 만들어 달라고 부탁하고 맡겨서도 안 된다. 어떠한 상황에서도 정신적으로 마음을 다스려 스스로 만들어가는 것이 행복이다.

행복은 행복해하는 사람을 좋아하고 따라다닌다. 아무리 세상살이가 삭막하게 느껴지고 어렵더라도 희망을 이야기해야 한다. 그러면 어둡고 그늘졌던 생각은 어느덧 봄기운에 눈 녹듯 사라지고 따스하고 밝은 생각이 스며들기 시작한다. 그것이 착각의 행복일 수도 있지만 비이기적이고 긍정적인 생각은 착각도 행복한 사람의 모습으로 바꾸어 놓는다.

프랑스의 시인 폴 발레리는 자신의 책을 통해 "생각하는 대로 살아야 한다, 그렇지 않으면 결국 살아온 대로 생각하게 될 것이다"라는 말을 남겼다. 용기를 내어 생각해보자. 일상의 생각이 삶의 방향을 결정하며, 삶의 의미와 열정은 스스로 찾아내는 것이다.

필자의 경우 어느 날 신문기사를 읽다가 '걸음은 흔들려도 인생만은 흔들리지 않는다.'는 감정이 생기면서 믿음으로 타인을 위해 실력을 쌓으며 자신의 가치를 향유하면서 똑바로 걸어보고 싶은 열정적인 마음이 찾아왔다. 우리 각자에게는 비록 인식하지 못할지라도 숨겨진 가치가 있는 자산資産이 얼마든지 있다. 그러나 흔히 겉에 드러나 보이는 것만이 전부인 줄 알고 타인과 비교하면서 불행해하며 살아가는 어리석음을 범한다.

자신이 밝은 생각을 소유하지 않았더라도 세상에 존재하는 모든 것들을 밝게 바라보면 된다. 희망은 세상의 모든 공간에 존재하고 있다. 방 한 칸을 꽉 채울 수 있는 것은 한 자루의 촛불이다. 불빛은 어둠을 밝힌다. 불빛과 같은 사랑하는 마음은 유형적 물질이 아니라 형체가 없는 비물질적인 마음에서 비롯된다. 우주와 우리가 터전을 잡아 살고 있는 세상에는 눈에 보이는 입자보다 눈에 보이지 않는 입자가 더 많다면 믿을 수 있을까? 우리가 바라볼 수 있는 입자는 10%도 되지 않는다. 90% 이상의 입자는 눈에 보이지 않는다. 암흑 속에도 입자가 90% 이상 존재하고 빛도 입자의 파동으로 이루어져 있다. 하지만 육안으로 그 입자를 볼 수 없지 않은가.

워싱턴 포스트는 세계적인 바이올리니스트 조슈아 벨Joshua Bell을 설득해서 거리의 악사처럼 분장을 하고 350만 달러짜리 바이올린으로 위싱턴 DC 지하철역에서 45분간 바흐음악을 연주하게 했다. 영국에서도 유사한 실험으로 바이올리니스트가 런던 지하철역에서 연주를 했다.

한국에서도 바이올리니스트로 유명한 모 교수가 강남역에서 연주했다. 붐비는 지하철역에서 대부분의 많은 사람들은 연주를 감상하기 위해 멈추지 않았다. 워싱턴 D.C. 지하철역의 몰래 카메라에 담긴 테이프를 분석한 결과 45분간 이곳을 통과한 사람은 모두 1,097명. 잠시라도 서서 음악을 들은 사람은 단 7명뿐. 동전 한 닢이라도 던져 놓은 사람은 27명. 바이올린 케이스에 모인 돈은 고작 32달러였다. 영국과 한국에서도 모두 유명한 연주자였지만 벌어들인 돈은 비슷했다. 살아가면서 불행이든 행복이든 상관없이 내 눈으로 직접 보고, 듣는 것이 반드시 진실은 아니라는 것이다.

지금도 10억가량의 지구촌 인구가 빵이 없어 굶주리고 있다. 십시일반으로 구호단체에 매달 몇 천 원에서 몇 만 원씩이라도 기부해보자. 아프리카나 아시아의 빈국貧國에 한 사람이 한 명씩 맡아서 후원금을 보내주면 한 어린이가 건강하고 밝게 성장하면서 고등학교를 졸업할 수 있는 금액이 된다. 세상에 존재하는 것들이 눈에 보이든 보이지 않든 자신이 영원히 붙잡아 둘 수 없다는 것을 생각해보라. 시간적, 공간적, 인과율적인 그 어떤 제약 속에서도 활동하며 살아가는 것이 감사하지 않은가? 숨 쉬고 존재하는 그 이유만으로도 세상 모든 것들을 사랑할 수 있다.

서울 어느 고등학교의 미술 선생님이 아프리카 오지를 여행하게 되었다. 여행 중에 청년 몇 명이 총으로 중무장한 채 다가와 몸에 지니고 있는 것을 다 빼앗기 위해 목숨을 위협하였다. 그런데 곁에 있던 청년 하나가 다가와 말을 붙인다. "혹시 여러해 전에 제가 길가에서 여행객들을 상대로 구걸할 때 빵을 주신 분이 아니십니까?" 자세히 얼굴을 쳐다보니 그때 만났던 10대 후반쯤의 소년이었다. 자신을 살려준 사람을 어떻게 해칠 수 있느냐며 동료들을 설득한 후 여행 목적지까지 안내해주었다고 한다.

물질은 살아가는 데 중요하다. 그 물질을 건강하게 사용한다면 더불어 행복해질 수 있지만 타인의 불행을 보고도 자신의 행복을 위해 못본 척 그냥 지나친다면 정신적 행복을 가져다준다고 말할 수 없다. 실현 가능한 꿈과 목표를 가지고 있다면, 그리고 현재의 고난과 시련이 어떤 돈과도 바꿀 수 없는 정신적 성공의 징검다리가 된다면, 현재의 고난은 불행이 아니라 행복한 시간이다. 행복의 가치는 자신이 느끼는 감정에 좌우되는 주관적인 것이다. 때문에 행복의 한계는 스스로 정하지 않는 한 외형적인 한계를 초월한다.

하루하루의 삶 자체가 인생이다. 누구나 인생에서 풍성한 삶을 갈망하고 행복을 누리고 싶어 한다. 그러나 행복하고 성공한 인생의 모델은 있을지 몰라도 우리가 그 사람의 성공적 삶을 그대로 실천하기는 어렵다. 각자가 처해 있는 정신적 상황과 물질적 환경이 서로 다르기 때문이다. 자신의 참 자아自我는 지구촌 사회에서 단 한 명이라는 사실을 인식해야 한다. 그러면 오직 유일한 모델로서 그 역할이 귀하고 천하다는 편견이 사라지면서 삶의 주인공이라고 생각하며 기꺼이 소화해낼 수 있다.

　누구나 분명한 꿈과 목표가 있을 때 에너지와 함께 용기가 생겨나고 활기찬 삶이 시작된다. TV는 무엇으로 끈다고 생각하는가? 삶 속에서 습관으로 켜고 용기로 끈다는 말이 있다. 대화가 필요한 가정이 많다. 하지만 실제로는 TV를 꺼야 대화가 되면서 가족이 보이기 시작한다. 삶의 궁극적 목표도 행복도 선명해지며 보다 뚜렷해진다. 나는 행복해지기 위해 어떤 목적을 갖고 노력하고 있는가?

　사회적 존재인 인간은 주변 환경의 영향을 받는 것이 사실이다. 그러나 그 환경을 넘어설 수 있는 힘은 자신에게 있다. 주어진 환경을 인정하고 지나온 삶을 모니터링하면서 긍정적 피드백을 받도록 하자. 가치 있는 삶을 추구하고 자신이 먼저 변화해야 한다. 공간적 제약과 제한된 환경이면 어떤가. 공기의 신선함을 느낄 정도의 체감이라면 행복으로 통하는 문을 발견할 수 있다. 문을 열 수 있는 손잡이가 내 마음 문 안에 달려 있어서 나만이 열 수 있다. 마음 밖에는 손잡이가 달려 있지 않아서 비밀번호나 센서가 있는 자동문이 아니라면 어느 누구도 열고 들어올 수 없다. 행복으로 통하는 문을 열 수 있는 사람은 유일하게 자신뿐이라는 사실을 기억하라. 행복이 반겨줄 것이다.

§05 정신적 여유-선택권은 내게

데살로니가전서 5장 18절을 보면 "범사에 감사하라"는 구절이 있다. 처음에는 이해가 되지 않는다. 너무 힘들어 감사할 일이 전혀 없는데 말이다. 지금 힘들다는 것은 자신이 살아 있다는 반증이다.

교통사고로 사랑하는 사람이 식물인간이 되어 깨어나기를 간절히 소망하는 이의 심정을 생각해보아라. 당사자가 아니고 도저히 이해하기 어렵다. 경제성장의 둔화로 힘들어하는 젊은이, 그리고 중장년들이여! 기운을 내고 힘을 잃지 마라. 두 다리로 땅을 힘차게 딛고 똑바로 걸을 수만 있다면 감사해야 한다. 걷지 못하는 사람이 보면 걸을 수 있다는 사실은 기적에 가깝다.

성공한 사람들의 공통점은 인생에서 분명한 목표를 가지고 살아가 되, 자신의 삶이 누군가에게 만족을 주면서 자연에서 지저귀는 새소리와 풀벌레 소리도 듣고 또한 나와 관계를 맺고 있는 사람들이 얼마나 중요한가를 생각하며 어떠한 환경에 놓여 있든지 범사에 감사한 생활을 하는 사람들이다.

'모든 지킬 만한 것 중에 더욱 네 마음을 지키라. 생명의 근원이 이에서 남이니라(잠언 4:23)'는 말이 있다. 아무리 사면초가四面楚歌에 싸여 있어도 여유를 갖고 생각의 전환에 힘써야 한다. 위기의 순간에 창조적인 아이디어가 떠올라서 그 상황을 헤쳐나가는 경우가 역사상 헤아릴 수 없이 많다.

필자는 정년트랙이 아닌 겸임교수라는 비정년트랙으로 15년 동안 4개 대학을 전전하면서 강단에서 학생들을 지도하고 있지만 내일 그만두더라도 감사하게 생각한다. 정년퇴직까지 겸임교수로 언제든지 강의를 맡아 강의해 달라는 고마운 대학도 있었고, 한 교수에게 찍혀서 다른 동료교수조차 눈치를 채지 못하게 쥐도 새도 모르게 필자를 쫓아낸 대학도 있었다. 소위 말하는 짱교수 같은 대빵교수에게 임용되었을 때 눈도장 찍으러 연구실을 찾아뵙지 못한 이유일 수 있다. 연구실에 몇 번을 찾아가도 그때마다 연구실에는 그 교수가 없었다.

개강 일을 앞두고 방학 중에 강의실을 배정받아 일일이 강의하게 될 과목의 컴퓨터 프로그램을 며칠 동안 세팅하고 학생들을 기다리고 있었다. 조교에게 연락이 왔다. 그 교수가 나의 강의실을 사용하겠다는 일방적 통보였다. 대책으로 옆 건물 대학원의 강의실을 이용하라는 것이다. 인터넷이 되지 않는 열악한 환경이고 프로그램을 돌리기엔 컴퓨터 사양이 너무 낮아 학생들을 제대로 지도할 수 없었다. 학생들에게 미안했다. 그러나 아무것도 모르는 학생들에게 전후사정을 이야기하지 못한다. 어떠한 악조건이라도 변명은 교도소가기 전까지는 말하지 않기로 나 자신과 약속했기 때문이다. 과목이 실습강의로 짜여 있는데 어쩔 수 없이 한 학기 내내 한 시간은 이론강의로 대체하고 나머지 한 시간은 커퓨터를 쓸 수 있는 다른 강의실을 찾아 이동하면서 학생들을 가르쳤다.

갑작스런 상황은 나 자신에게도 상처였지만 대학조직에서 한 명을 제외한 같은 학부 교수들은 그러한 내막이 있는 줄 전혀 모르고 있는 눈치였다. 당시 인생에서 처음 겪는 일이라 당황했지만 정신적 여유가 있었다. 대학의 명예를 위해 홀로 고통을 감수하면서 조용히 물러나면서 할 수 있었던 건 감사하는 일이었다. 그래서 그동안 정들었던 학과의 모든 교수님과 조교와 함께 식사를 하였다. 물론 그 교수는 보이지 않았다. 처음이자 마지막이 될 식사비를 기회를 주지 않아 내지도 못했다. 한 사람을 제외하고는 모든 교수와 언제든 따스한 눈인사를 나누고 간단하지만 부드럽게 이야기하며 차를 마실 수 있었던 것에 감사했다.

인생은 새옹지마塞翁之馬라 했던가?

곧바로 지금의 대학에 스카웃이 되어 현재까지 7년 이상 강의하며 학생들의 남모르는 고충에 학생의 입장에서 생각하며 메일로, 전화로 상담도 해주고 있다. 삶의 끝자락일지라도 끝이 아니고 새로운 출발을 언제나 생각하고 있기 때문에 생명이 붙어 있는 한 모든 일에 감사하며 살아간다.

유흥가에서 윤락행위를 하거나 가출한 여성들이 성매매를 하다가 경찰에 잡혀와서 교도소에 있는 대신에 일정기간 동안 가정체험을 하며 모여 살고 있는 여성들에게 강의를 하게 되었다. 이론은 강의할 수 있었으나 정신적으로 힘들어하는 사람들에게 이론적 강의는 힘들게 느껴졌다. 그래서 강의는 하지 않고 왼쪽 다리의 바지를 걷어 올렸다.

가을의 잿빛 하늘 아래 나뭇잎 떨어진 앙상한 나뭇가지와 같은 나의 왼쪽 다리가 그녀들에게는 충격이었던 모양이다. 왜 예쁜 다리를 가지고 술을 팔고 몸을 파느냐고 물었다. 타인의 건강을 해치는 직업은 가치가 없는 삶이다.

말이 끝나기 무섭게 눈물이 쏟아졌다. 세상에 태어나 처음으로 불량상품과 같은 왼쪽다리를 남에게 보여주었다. 보다 가치 있게 사용하려고 처음이자 마지막으로 정신적으로는 조금 힘들었지만 자신감 있게 보여주었다. 그녀들도 한결같이 눈물을 흘렸다. 그들은 이론적 강의보다 현실을 직시하면서 마음으로 체험했다.

밖으로 나와 차를 몰고 떠날 때 뒷모습이 보이지 않을 때까지 잘 가라고 손을 흔들어주던 그녀들의 모습이 선하다. 미용사 자격증을 따고 자립할 때 찾아오겠다는 그녀들을 보았다. 살아가면서 언제나 정신적 여유는 내가 삶에서 무엇을 선택하느냐 하는 나의 정신적 선택에 달려 있었다.

미국의 리처드 밴들러와 존 그린더는 인간의 마음과 행동이 일어나는 원리를 연구하여 신경 언어 프로그래밍(NLP: Neuro Linguistic Programming)을 만들었다. 그리고 앤서니 라빈스는 이것을 현실적으로 적용하여 발전시켰다. NLP는 신경은 언어에 의해 프로그램되고 언어는 신경에 의해 프로그램되어 상호피드백 구조를 가진다. 각 개인이 경험한 자료들과 학습에 의해 어떻게 프로그램화되어 있는가에 따라 결과가 달라진다. 자신의 언어 프로그램을 관찰하여 사고패턴과 행동패턴을 긍정적으로 바꿀 수 있다. 이렇게 체계화된 이론은 전 세계적으로 심리학에 바탕을 둔 뇌과학 기법으로 활용되고 있다.

지구촌 세상은 우주의 관점에서 바라보면 티끌보다 작은 한 점에 불과하다. 하지만 그 한 점 안에 살고 있는 개인들의 삶은 사고의 영역이 확대되면 엉켜 있는 실타래처럼 풀어가기에 너무 복잡할 때가 많다. 찻잔의 태풍일진데….

정신적 영역에서 선택권은 누구에게 있는가?

한 시대를 풍미했던 당대 9명의 거부들을 열거하면서 역시 같은 맥락에서 찻잔의 태풍 사례를 찾아 보려고 한다.

산업사회인 1923년에 경제적으로 가장 부유한 자본가 9명이 시카고에 있는 에지워터 비치호텔에 모였던 일이 있다. 이 모임에 모인 사람들의 재산이 당시 미국 연방정부 전체의 국고보다 많았고 당시에는 세계경제를 좌우할 정도로 거부들이었다. 이 모임 이름은 '마이더스 모임'이었는데 무엇이든지 손만 대면 황금으로 바뀌었다는 전설 속의 임금 마이더스의 이름을 딴 것이다. 모든 사람들은 부러움과 동경의 시선으로 그들을 바라보았다. 세월이 흘러 25년 후인 1948년에 그들이 어떻게 되었는지에 관심을 갖고 있는 호기심 많은 한 젊은 신문기자가 이들의 행적을 조사해보았다.

찰스 스왑Charles Schwab은 세계 최대 강철회사인 베들레헴 사장으로 경영수완이 뛰어났다. 그러나 종국에는 도산하여 죽기 전 5년 동안은 무일푼으로 돈을 빌려 살다가 빚에 몰려 거지로 생애를 마쳤다.

세상에서 가장 큰 밀 중개상이던 아더 코튼Arthur Cotten은 최대 양곡 투기업자였지만 파산하고 외국의 길거리에서 변사체로 발견되었다.

리처드 휘트니Richard Whitney는 미국 뉴욕 증권거래소 사장이었는데 큰 죄를 짓고 중죄인이 되어 국립교도소인 씽씽(Sing Sing)감옥에서 복역하고 풀려나자마자 집에서 곧바로 사망했다.

앨버트 홀Albert Hall은 대통령 보좌관 출신으로 하딩 내각의 재무장관이었는데 사기죄로 교도소에 들어갔다. 몸이 극도로 쇠약해진 상태로 감옥에서 풀려나와 파산한 채 집에서 죽음을 맞이해야 했다.

제시 리버모어Jesse Livermore는 세계에서 가장 큰 여행사 사장이었고 거부였으나 결국에는 자살했다.

국제은행 총제였던 레온 프레이저Leon Fraser도 한때는 명성을 한몸에 받았으나 자살로 인생을 마감했다.

이반 크루거Ivan Cruger는 세계 최대 전매청장이었으나 자살미수로 치

료받다가 돌봐줄 사람이 없어 세상을 자살로 마감했다.

하워드 홉슨Howard Hopson은 가장 큰 가스회사를 운영하였지만 끝내는 정신 이상자가 되어 정신병원에서 우울한 최후를 맞고 말았다.

당시 가장 큰 전기회사 사장이었던 사무엘 인슐Samuel Insull은 종국에는 돈 한 푼 없이, 법망을 피해 도망 다니다가 외국에서 빈털터리로 객사했다.

위에 열거한 9명의 거부巨富들은 비록 한때 물질적으로 크게 성공했지만, 결국에는 정신적 영역에서 선택적으로 실패한 사람들로 모두 돈을 벌 줄만 알았지 어떻게 살아야 하는지를 생각하지 못한 불행한 사람들이었다.

삶에 대한 보편적 기준은 있어도 자신의 삶은 정답이 없다. 살다보면 시운時運이 잘 맞아서 성공하여 우쭐대고 싶을 때도 있고 실패하여 절망할 때도 있는 법이다. 인생행로에는 순탄한 대로만 있는 것이 아니고 앞을 가로막는 질곡도 만나고 험준한 산, 낭떠러지와 절벽도 만날 수 있다. 때로는 쉬어갈 수 있는 옹달샘이나 나무 그늘도 만날 수 있을 것이다.

국내경제가 어려운 요즘 남들과 비교해서 가지지 못한 것이 많을 때 특히 돈이 없으면 '나는 실패한 인생'이라고 생각하는 사람들이 더욱 많아지고 있다. 즉, 건강한 신체와 정신을 갖고 있는데도 불구하고, 경기침체와 더불어 갑자기 어려워진 경제문제로 인해 정신적 패배의식에 사로잡혀 좌절 가운데 힘들어하며 살아가는 사람들을 많이 보게 된다. 그러나 잃은 것보다는 자신에게 남아 있는 것이 무엇인지를 살펴보며 세상을 다시 긍정적으로 볼 필요가 있다.

사회생활을 하고 있는 많은 사람들이 하루하루의 삶 속에서 최선을 다하며 살아간다. 하지만 그럼에도 불구하고 때로는 상대방의 불신과 오해, 질투를 받기도 한다. 시간과 돈에 쪼들리고 열심히 일하는 만큼 보상이 주어지지 않는 경우도 많다. 그래서 삶의 활력을 잃어가고 힘들어한다. 경쟁에서 뒤쳐지고 있다는 생각에 잠 못 이루며 불면증에 시달리기도 하고, 행동반경도 움츠러든다. 제한된 시공간을 초월할 수 있는 힘이 우리 안에 있음을 알아야 한다. 인간은 마음먹기에 따라 얼마든지 상상력을 키우며 이야기할 수 있다. 삭막하고 스트레스에 지친 마음을 한순간에 스스로 되돌려 놓을 수 있다. 우주를 품는 생각도 이야기할 수 있을 정도로 우리의 마음은 넓고 크다.

마음의 여유는 단조로운 일상생활에서의 회피적인 일탈이 아니다. 오히려 긴급하고 중요한 사안이 갑자기 닥쳐왔을 때 필요하다. 현 생각의 위치에서 한 발짝 뒤로 물러나 새로운 각도에서 자신을 바라보라. 자신을 다시 보며 천천히 관조해보는 여유를 찾는 선택권에서 출발한다. 자신이 선택할 수 있는 마음의 여유는 이전에는 보지 못했던 것들을 보게 함으로써 어떤 아이디어를 제공한다. 여유를 갖고 바라보며 기다릴 때, 갑자기 닥친 골치 아픈 사건이나 문제들이 풀리기도 한다. 때로는 시간이라는 자산은 홍수 후 시간이 지나면 자정능력으로 물이 맑아져 깨끗이 흘러가는 강물처럼 어느새 해결해주기도 한다.

어떻게 마음먹느냐에 따라 행동이 달라지고, 달라진 행동이 그 사람의 미래를 바꾼다. 때로 삶이 각박하고 삭막하여 외로울 땐 자신이 자신의 친구가 되어보자. 그래서 자신에게 보다 진실해보자. 남과 경쟁하지도, 비교하지도 말자. 타인과의 경쟁을 멈추고, 눈에 보이는 시각적인 요소를 닫아버리고 자신의 과거와 현재의 나를 비교해보자. 과거와 비교해서 보다 업그레이드하는 경쟁을 해보는 것이다.

경쟁해야 하는 것은 나 자신이며 나에게 무엇이 필요하고 무엇을 제거해야 할지 스스로 반문하면서 살펴보고 관찰해보는 시간을 가져야 한다. 더 나은 자신을 만들기 위해 목표를 재설정하고 최선을 다하며 묵묵히 가면 어느덧 자신이 설정한 목적지에 다다르게 된다. 나비가 되기 위해 애벌레가 고치가 되어 봄을 기다리듯이 준비하며 기다리자.

물질적 가치가 아닌 정신적 가치에 포함되는 생각의 여유, 그 선택권은 어느 누구도 아닌 자신에게 달려 있다. 자신을 속박하는 모든 근원적인 것들에서 해방시키는 무형의 공간, 생각의 쉼터를 가꾸자.

헬렌 켈러의 스승인 애니 설리반의 이야기다. 시작하고 실패하는 것을 계속하라! 실패할 때마다 무엇인가를 성취할 것이다. 네가 원하는 것을 설령 성취하지 못한다 할지라도 무엇인가 가치 있는 것을 얻게 될 것이다. 시작하고 실패하는 것을 계속하라!

Chapter 3. 인생무대에서 주어진 역할을 즐겨라,

어두울수록 밝은 빛이 소중하게 느껴진다.

나에게 주어진 어떤 역할이든지 즐기자.

진정한 의미에서 성공한 많은 사람들은 유머를 즐길 줄 아는 사람들이었다. 분위기를 반전시키고 부드럽게 하며 긍정적인 요소들을 이끌어내어 격려할 수 있는 사람. 이들은 자신의 삶과 이웃의 삶 모두를 행복하게 해주며 성공적인 삶으로 이끌어간다. 유머는 삶에 활력소를 제공하며 마음의 여유를 준다. 더불어 정보화 시대에 꼭 필요한 창조적 능력과 지혜도 제공할 것이다.

1. 인생무대에서 주어진 역할을 즐겨라

2. 창조성은 마음에서 비롯된다

3. 과정 자체를 생명으로 여겨라

4. 나눔의 설계

§01 인생무대에서 주어진 역할을 즐겨라

우리는 각자 역할이 있다. 현재 주어진 역할이 어떠하든지 걸림돌로 생각하지 말고 디딤돌로 생각하며 삶에서 어떤 역할이든지 즐겨라. 사회적 기준의 척도인 성공적 역할의 기준은 있겠지만 삶 자체에서 내면의 기준에서는 사람의 성공이나 실패의 척도는 되지 않는다. 마치 수박처럼 겉과 속은 색깔과 성분이 다를 수 있기 때문이다.

어떤 위치에 있든 무대에서 주어진 역할이라고 생각하면 삶이 고단하고 힘들어도 슬플 것도 없다. 어떠한 역할도 백년을 넘기기 어렵기 때문이다. '인생은 짧고 예술은 길다'고 그러지 않았는가?

요즈음 50대 남성들은 새집으로 이사 갈 때 남들 모르게 장롱 속에 숨는다고 한다. 아내가 버리고 갈까봐 그렇게 한다고 한다. 가부장적인 남성시대에서 패러다임이 바뀌어 새로운 여성시대가 싹트고 있다. 남존여비사상은 과거의 유물이 되어버렸다. 이제는 남녀평등사상을 넘어 "남존여비, 남자의 존재는 여성의 비위를 맞춰야 생존할 것이다"는 첫 글자를 따온 말이 되었다. 그래서인지 50대 여성이 해외여행을 갈 때는 냉장고 문에다가 스티커를 붙이고 다섯 가지 지켜야 할 조건을 적어놓는다고 한다. 첫 글자를 모으면 "까불지 마라"다. 가스불 조심하시고, 불 끄고 주무시고, 지퍼관리 잘하시고, 마누라는 생각하지 마시고, 라면은 2박스 준비해놓았어요!

산업혁명 이후 현대인들은 눈부신 과학과 자본주의 시스템 경제의 발달로 인해 물질적으로 풍요로운 삶을 누리고 있다. 하지만 정신적으로는 이전시대에 비해 안정되지 못한 삶을 살아가고 있다. 점점 더 급변하는 상황으로 심리적으로 불안해하고 마음의 뿌리라고 할 수 있는 인성은 파괴되면서 겉에 보이는 이면에는 우울함이 잠재하고 있다. 이를 반영하듯 세계 최대의 경제대국인 미국은 1인당 항우울제, 코카인, 헤로인의 소비량에서도 세계 최고치를 기록한다.

한국도 예외일 수 없다. 젊은 세대의 우울증환자와 더불어 자살률이 급속도로 증가하고 있다. 특히 요즘은 세계적인 경기침체로 어디를 가나 우울한 분위기를 만난다. 구조조정, 기업의 파산과 실직, 이혼율과 자살율의 증가, 빈익빈 부익부의 양극화현상 등 그 어느 때보다도 사회적인 분위기가 침체되어 있다.

이러한 침체된 분위기와 스트레스를 한방에 날려 보내고 분위기를 부드럽게 할 수 있는 것이 바로 유머다. 유머는 웃음을 유발하며 대인관계의 벽을 허물고 친밀감을 높여준다. 또한 때때로 반전과 직관을 통해 통찰력을 제공해주기도 한다. 따라서 현대 사회에서 유머를 즐기는 것은 개인이 갖춰야 할 중요한 자질이 되어가고 있다.

어느 여론조사에 따르면 미혼여성들은 결혼할 배우자의 자질로 유머가 있어야 한다는 것을 다른 항목에 비해 압도적으로 선택했다.

유머는 대화의 시작에서 아이스브레이킹^{Ice-Breaking} 역할을 한다. 딱딱한 분위기를 깨고 부드럽게 만들어주는 매우 중요한 요소라 하겠다. 연설할 때 1-2분 안에 청중을 한 번 웃게 만들고 주위를 집중시키는 것은 이제 당연한 수순이 되고 있다.

다음은 필자가 기업이나 연수원에서 특강을 할 때, 종종 인용해서 사용하는 유머다.

어느 산부인과 복도의 긴 의자에 이제 막 아빠가 되려는 네 명의 남자들이 나란히 앉아 있었다. 초조한 모습으로 자신의 아이가 태어나기를 기다리는데, 드디어 첫 아기 울음소리가 들려왔다. 잠시 후, 간호사가 첫 번째 남자에게 다가와 축하를 해주었다.
"쌍둥이가 태어났어요. 축하드립니다. 그런데 쌍둥이 아빠는 어디에 근무하세요?" 그러자 쌍둥이 아빠는 "엘지 트윈스에 근무합니다."라고 대답했다.

잠시 후 다시 간호사가 두 번째 남자에게 다가와 인사를 했다. "축하드립니다. 세 쌍둥이가 태어났습니다. 실례지만 어디에서 일하세요?" 그러자 세 쌍둥이 아빠가 이렇게 대답했다. "삼성에 근무합니다."

다시 한참 시간이 지난 후에 간호사가 세 번째 남자에게 다가와서 축하를 했다. "축하드립니다. 일곱 쌍둥이가 태어났습니다. 일하시는 직장이 어디신가요?" 일곱 쌍둥이 아빠는 "칠성 사이다에 근무합니다."라는 답변을 했다.

그 이야기를 곁에서 듣고 있던 네 번째 남자는 그만 그 자리에서 졸도하고 말았다. 왜냐하면 네 번째 남자의 직업은 바로 119 구조대원이었기 때문이다.

여기서 본질적 교훈은 눈앞에 보이는 것만이 진실이 아니라는 것이다. 사람은 때가 되면 다 같다는 것을 유머로 표현한 것이 있다.

50대: 많이 배운 사람이나 못 배운 사람이나 같고
60대: 예쁜 사람이나 못난 사람이나 같고
70대: 남편이 있는 사람이나 남편이 없는 사람이나 같고
80대: 돈이 있는 사람이나 돈이 없는 사람이나 같고
90대: 산에 누운 사람이나 집에 누운 사람이나 같다.
연령과 관계없이 모두 같은 것은 무엇인가? 삶의 마감시간 후에 한

줌의 흐름이 된다. 오늘날 영국인들이 가장 위대한 영국인으로 손꼽는 처칠 또한 유머를 즐기며 상황을 반전시키곤 했다. 처칠이 처음 하원의 원에 출마했을 때, 상대편 후보는 처칠을 집요하게 공격했다.

"당신은 아침잠이 많은 사람이라고 하던데, 당신 같이 게으른 사람이 의정활동을 제대로 수행할 수나 있겠습니까?"

처칠은 웃으면서 이렇게 응수했다.

"아마 당신도 나처럼 예쁜 부인을 데리고 산다면 아침에 일찍 일어날 수 없을 겁니다."

사람들은 폭소를 터뜨렸고 처칠은 압도적인 표로 당선되었다.

어느 일간 신문에서 처칠을 담배를 물고 있는 불독으로 묘사해서 만평을 실었다. 그의 비서가 펄펄 뛰며 맹비난을 하자 처칠이 이렇게 말했다.

"기가 막히게 그렸군. 벽에 있는 내 초상화보다 훨씬 더 많이 나를 닮았어. 당장 초상화를 떼어버리고 이 그림을 붙이도록 하게나." 이렇게 해서 처칠에게는 불독 처칠이라는 애칭이 따라다니게 되었다.

레이건 또한 유머를 즐겨 사용하였다. 1981년 3월 레이건 대통령이 존 힝클리의 저격을 받고 수술을 받게 되었을 때, 수술을 준비하는 의사들에게 "당신이 공화당원이면 좋겠다"는 유머를 던졌다. 그러자 의료진도 "각하, 오늘만큼은 우리 모두가 공화당원들입니다"라고하였다. 곧이어 부인 낸시 여사가 나타나자 레이건은 이렇게 말했다.

"부인, 내가 총알 피하는 것을 깜박 잊었어!"

유머는 상황을 반전시키고 자신과 주변사람들에게 웃을 수 있는 마음의 여유를 준다. 전문가에 따르면 스트레스의 원인은 외부적인 환경에서 오기도 하지만 때로는 지나친 욕심이나 집착 등 자신의 내면에서 비롯된다고 한다. 스트레스가 꼭 나쁜 것만은 아니다. 적당한 스트레스는 긴장을 고조시켜 힘과 에너지를 집중시키도록 도와주기 때문이다. 그러나 장시간 스트레스에 파묻혀 지내는 것은 결코 도움이 되지 않는다. 통제할 수 있는 스트레스는 스스로 통제하고, 통제할 수 없다면 즐기는 것은 어떨까? 유머를 통해 스트레스를 즐기며 한방에 날려버리자. 유머가 때로는 사회생활에서 실타래처럼 얽혀 있는 모순덩어리를 풀어낼 수 있는 해학의 단서를 제공하기도 한다.

조물주가 인간을 세상에 내보낼 때 삶이 힘들어지면 자신의 생명을 살해하라고 프로그램화한 존재는 아닐 것이다. 어떤 사람은 직장생활하기가 점점 어렵고 나이도 들어가면서 머리카락이 빠져서 우울증에 걸린다. 그러나 암이 찾아온다면 머리카락이 다 빠지더라도 건강만 회복되면 소원이 없다고 할 것이다. 또 어떤 사람은 희귀질환에 걸려 의료비용도 만만치 않지만 약도 구하기 어려워 차라리 암이었으면 좋겠다는 말도 한다. 우리가 자살을 선택한다면 조물주에 대한 배신이다. 갑자기 닥쳐온 불행을 '피할 수 없다면 즐겨라'라는 말이 생각난다.

미국 카네기멜론대학교에 40대 초반의 컴퓨터공학과 교수 랜디 포시는 가을학기 강의를 마치면서 학생들에게 자신은 췌장암을 앓고 있기에 이번 강의가 마지막이라고 하면서 "진실만을 말하라"라는 조언을

하며 즐겁고 힘차게 강의한 내용이 인터넷에 돌아다니면서 수많은 사
람에게 감동을 주었다. 그가 세상을 떠나기 직전에 오프라윈프리 쇼에
도 출연해서 자신의 삶이 얼마 남지 않았지만 '꿈과 목표'가 중요하다
고 이야기한다. 얼마 후 그는 세상을 떠났어도 긴 여운을 남겼다. 어떠
한 상황에서도 포기할 줄 모르는 들풀의 생명력에서도 아내와 세 자녀
를 위해 남긴 '마지막 강의'는 주어진 역할을 잘 소화해 낸 그 어떤 사
명감을 배울 수 있지 않은가.

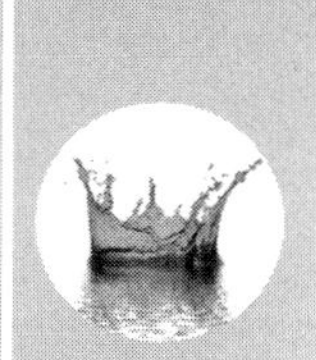

§ 02 창조성은 마음에서 비롯된다

풀리처상과 노벨 문학상을 수상한 미국의 여류작가 펄벅. 그녀는 결혼하여 두 딸을 낳았는데, 얼마 후 첫딸이 정신지체라는 것을 알게 되었다. 그러한 사실은 그녀를 실망시키기보다 오히려 글을 쓰는 동기를 주었고, 그녀는 ≪대지≫, ≪어머니의 초상≫ 등을 집필했다. 펄벅은 자신의 삶을 반추하면서 "힘은 희망을 가지는 사람들에게 있고, 용기는 속에 있는 의지에서 일어나는 것이다."라는 말을 남겼다. 희망이 그녀에게 일어설 수 있는 힘을 제공한 것이다.

어떠한 상황에서도 희망을 잃지 않는 사람들은 실제적으로도 위기를 잘 극복하고 질병을 이기는 면역기능이 높다고 한다. 또한 생활에서 만나는 새로운 자극과 어려움을 극복하려는 노력은 뇌신경세포에

신선한 자극을 주어 창조적인 사고를 하도록 돕는다. 피할 수 있는 고난을 일부러 맞이할 필요는 없겠지만, 피할 수 없는 시련과 어려움이라면 적극적으로 사고하고 당당하게 맞아야 한다. 희망을 가짐으로써 껍질을 깨고 창조적인 삶을 선택해 살아가는 건 우리의 몫이다. 우리 몸의 주치의는 의사가 될 수는 있지만 삶의 주치의는 자신이다.

댐에 아주 미세한 틈이 생겨 그곳으로 물이 흘러내려 새기 시작하면 일순간 거대한 둑도 무너뜨릴 수 있다. 인간의 생각 역시 작은 습관을 낳으면서 결국에는 자신의 운명을 바꾸어 놓기도 한다. 행복과 불행의 차이는 아주 미미한 생각의 차이에서 출발한다. 시간의 흐름에 따라 점점 더 행복한 사람이 있고, 불행해지는 사람이 있다.

사람은 선천적으로 조상이나 부모에게 물려받은 타고난 외모와 성격이 있겠지만 후천적 영향으로 인한 환경의 지배를 받는 운명도 있다. 외부에서 오는 자극에 대해 어떻게 생각하고 반응하는가? 그에 따라서 가치관이 바뀌기도 하고 현재와 미래의 운명에 영향을 주기도 한다. 자기 자신을 이해하고 돌아보며 자신의 생각을 잘 관리하는 것은 매우 중요하다. 적극적으로 사고하며 희망을 갖고 자신을 잘 관리하는 사람은 빠르고 여유 있게 상황을 판단한다. 그리고 그런 사람들은 위기를 잘 극복하고 창조적인 삶을 살아간다.

우리는 모든 것을 사랑하는 열린 마음을 가지고 '우리가 생각하는 지금 좋은 것이 후대에도 좋을 것인가?'라고 되물으며 자신에게 반문해보아야 한다. 과학이나 예술에서도 기본적 요소로 창조성을 중요시

여긴다. 창조성은 개인이 마음을 어떻게 먹느냐에 따라 새로운 형태로 태어난다. 마음의 유형에도 열등감, 불안, 수치, 공포, 슬픔, 우울, 질투, 의심, 거짓, 게으름, 교만, 병든 도덕성, 부정 그리고 경쟁, 긍정, 겸손, 감사, 평안, 행복, 사랑, 열정, 희열, 진실 등 다양한 마음이 존재한다.

창조성을 갉아먹는 마음은 대부분 부정적인 요소가 내재된 불안, 열등, 교만, 질투, 수치, 공포, 게으름, 우울, 독선 등과 같은 마음을 가슴에 지니고 있을 때다. 자신의 마음을 가끔씩이라도 중간점검 차원에서 살펴보는 것이 필요하다.

마음의 편견도 인간의 선택이지만 선택의 편견이라는 틀이 사고의 영역에서 깨질 때 분석과 조합을 통해 다양성과 조합되며 창조성은 살아난다. 창조성은 내재된 잠재력이 폭발하는 강력한 힘이다.

전나무는 소나무과에 속하고 잎은 바늘 모양으로 침엽수에 속하는 식물이다. 색깔은 늘 푸르고 키가 크며 숲 속에서도 눈에 띄는 나무다. 그렇지만 이렇게 사람 눈에 띄게 키 크고 높게 자라는 전나무도 작고 여린 시절이 있다. 전나무를 키우려면 백양나무를 함께 심는다고 한다. 백양나무는 성장이 더딘 전나무에 비해 빨리 자라서 전나무를 보호해주는 역할을 하기 때문이다. 백양나무는 버드나무과에 속하는 낙엽교목으로 수백여 종류가 있는데 성장 속도가 빠르다. 잎이 제법 넓고 커서 그 그늘 아래는 전나무가 잘 자랄 수 있는 환경이 된다. 그러나 시간이 지나 전나무가 햇빛에서도 잘 자랄 수 있는 생장력이 조성되면 백양나무를 제치고 하늘 높이 멋지게 더 크게 자란다. 전나무에게는 백양나무의 그늘 아래서 혜택을 보면서 준비하는 시간이야말로 가장 소중한 때가 아닐까?

남과 비교하면서 자신의 성장에 불만을 갖고 불행하게 생각하는 사람들이 있다. 그런가 하면 나비의 고치 속 같이 불편하고 답답한 환경을 이겨내고, 한겨울의 혹독한 추위를 이겨내며 결국에는 성공하는 사람이 있다. 고치 속에서 수천 번의 날개짓을 하며 준비해서 따스한 봄날이 찾아오면 하늘을 훨훨 날아다니는 나비를 보라. 현재를 준비하는 기간이라 생각하고, 자신의 꿈을 가꾸도록 하자. 목표를 세워 도전하고 그러한 삶을 즐기는 사람에게 행운은 멀리 있지 않다.

이기심 때문에 남들과 비교해서 가지지 못한 것이 많을 때 사람들은 상대적인 박탈감을 느낀다. 국내경제가 어려운 요즈음은 특히 돈이 없으면 '나는 실패한 인생'이라고 생각하는 사람들이 많다. 경기침체와 더불어 갑자기 어려워진 경제문제는 건강한 신체와 정신을 갖고 있는 사람들에게도 피해를 주었다. 정신적 패배의식에 사로잡혀 좌절하고 힘들어하며 살아가는 사람들. 그러나 잃은 것보다는 자신에게 아직도 남아 있는 것들이 무엇인지를 꼼꼼히 살펴보고, 세상을 긍정적으로 바라볼 필요가 있다. 마음은 인간성과 관련이 있다. 인간성이 황폐화된다면 불행해질 것이다. 어려운 사람을 돕는 마음의 여유를 통한 유대관계만으로 새로움을 창조할 수 있다.

어떤 사장이 어린 시절의 가난했던 기억만으로 돈을 벌기 위해 노력했다. 비록 돈을 많이 벌고 성공은 했지만 나이 들고 병들게 되었다.

그는 건강한 사람들의 모습이 무척 부러웠다. 건강을 잃고 보니 건강이 얼마나 중요한지 깨닫게 되었다는 이야기는 한두 번 듣는 것이 아니다. 현재 내게 건강이 있다면 그 건강에서부터 감사하는 습관을 시작하자. 건강은 모든 가능성과 희망의 출발이니까.

행복은 어디에서 오는가.

탈무드에 보면 "세상에서 가장 행복한 사람은 감사하는 사람이다"라는 말이 있다. 어떤 조건이 되어 감사한다면, 감사하지 않을 사람이 어디 있겠는가? 조건이 사라진다면 감사도 사라진다. 감사가 사라지면 더불어 행복도 사라진다. 삶에서 행복은 자신의 마음에서 만들어지기도하고 사라지기도 한다. 눈에 보이는 행복이 진짜일까? 마음에 보이는 행복이 진짜일까? 우리는 답을 알고 있다.

발명왕 토머스 에디슨은 화재로 실험실이 타버렸을 때에도 감사를 드렸다. 그의 나이 67세 때의 일이다. 일생을 바쳤던 실험실이 화재로 모두 다 타버리자 다음날 아침, 폐허를 바라보며 "재앙도 가치가 있구나. 내 모든 실패들이 날아가 버렸으니… 새로 시작하게 해주신 신이시여! 감사합니다."라는 기도를 드렸다고 한다.

그 화재 후 3주 만에 에디슨은 축음기를 발명하여 세상에 내놓았다. 이후 에디슨은 "시도했던 모든 것이 물거품이 되었더라도 그것은 또 하나의 전진이기 때문에 나는 용기를 잃지 않는다."라는 유명한 말을 남긴다. 감사하는 마음은 삶을 긍정적인 시각으로 바라볼 수 있게 해준다. 에디슨의 천재적인 영감은 바로 그러한 상황에서도 감사할 수 있는 마음에서 비롯된 것이다.

　마음을 바꾸면 삶도 창조적으로 변할 수 있다. 창조성은 다양한 방법으로 나오지만 본질은 인간의 마음에서 비롯된다. 마음이 움직이지 않으면 손발도 움직이지 않는다. 그래서 인간의 마음은 세상에서 불가사의한 능력으로 나타나기도 한다. 사람의 마음을 사로잡는 자가 진정한 초능력자다. 누구든 마음을 모을 수 있는 자가 상대방의 믿음 위에서 어떤 창조적 과업을 달성할 수 있기 때문이다.

§03 과정 자체를 생명으로 여겨라

개인이나 조직은 살아 있는 생명체처럼 꿈틀거려야 한다. 생명체는 어떤 과정이 있다. 그것이 생존을 위한 일을 만들어내는 일이 될 수도 있고 어떤 거대한 프로젝트 속에서 미미한 부문을 맡아 일하는 작은 과정일 수도 있다. 과정이 연결되면 생명체처럼 살아 있는 시간의 흐름 속에서 최종적으로 어떤 유형·무형의 모습이 나온다.

역사 속에서 생존했던 영웅들은 이미 삶의 과정에서부터 성공적인 삶을 살았던 사람들이다. 윈스턴 처칠은 불굴의 용기와 리더십으로 영국 국민들을 하나로 결집시켜 2차 세계대전을 승리로 이끌었고, 세계 역사의 흐름을 바꿨다. 그는 "돈을 잃는 것은 적게 잃은 것이다. 그러나 명예를 잃은 것은 크게 잃은 것이다. 더더욱 용기를 잃는 것은 전부를 잃는 것이다."라는 명언을 남겼다. 처칠은 총리에 취임한 후 다음과 같은 연설을 한다.

"신이 허락한 모든 힘과 능력을 다해 인류가 저지른 가장 극악한 폭정에 맞서 싸우는 것이 우리의 정책입니다. 우리는 어떠한 대가를 치르더라도 승리하며 모든 공포를 이겨내고 반드시 승리합니다. 아무리 길고 험난해도 반드시 승리해야 하는데 승리하지 않으면 대영제국이 존속할 길이 없기 때문입니다. 우리의 대의와 소명은 결코 실패하지 않을 것입니다. 자! 단결된 힘으로 함께 전진합시다!"

처칠의 연설을 들은 영국 국민들은 용기와 희망을 품기 시작했다. 전쟁 기간 동안에도 처칠은 계속해서 절대로 항복하지 않을 것이며, 끝까지 싸워 승리할 것임을 천명한다.

그에게도 어렵고 위대한 결단을 내려야 할 때가 있었다. 독일군의 상륙을 눈앞에 둔 일촉즉발의 시기에 설상가상으로 독일이 신예유도탄으로 도버해협을 넘어 영국의 심장이라고 할 수 있는 런던을 향해 폭격을 계속 퍼붓고 있었다. 영국군은 물론 영국인들의 상실감과 위기감은 최고조에 이르고 있었다. 이때 런던 교외에 수만 명의 독일 포로 수용소가 있었다. 그런데 V-2호(독일이 제2차 세계대전 말기 영국 공격에 쓴 장거리 로켓 폭탄) 폭격이 목표지점을 벗어나 빗나가면서 수시로 그 수용소에 폭탄이 떨어져 막대한 독일 포로들의 인명피해가 발생하고 있었다. 처칠의 마음에 양심의 동요가 온 것이다. 영국민이나 런던의 파괴는 적과의 대치상황에서 어쩔 수 없다고 할지라도 독일군이 독일군의 폭격에 희생당한다는 것이 그의 마음을 괴롭힌 것이다.

절체절명의 전쟁 앞에서 독일 포로들의 수송은 수많은 영국군을 동원해야 했고, 거기다가 수송열차의 동원에는 연료와 시간 그리고 안전성 확보 등 난제難題가 놓여 있었다. 전쟁 한 복판에서 이 문제는 무리한 판단과 행동이라는 비난이 쏟아졌다. 그럼에도 불구하고 집요한 설득으로 결국 처칠의 제안은 통과되었다. 그래서 영국과 아일랜드의 중간지점에 있는 안전한 요양지 아일 오브 맨Isle of Man에 이들 독일 포로들을 이송한다는 의회의 결정이 났다. 그때의 감격을 누가 떨리는 손길로 다 묘사할 수 있으랴. 의회는 뭔지 모를 감격의 파도가 휩쓸어 가는 듯했다. 의원 전부가 다 기립하여서 처칠을 향해서 우뢰와 같은 박수를 오랫동안 보내고 있었다. 처칠은 그치지 않는 박수소리를 들으면서 의회 지하실 그의 집무실로 내려갔다. 그리고 무릎을 끓고 두 손으로 머리를 감싸고 한없이 울었다. "하나님, 우리 영국은 오늘 이 전쟁에서 이겼습니다." 영국의 전승은 결과에 대한 기대보다는 과정에서의 충실에 있었던 것이다.

모든 성공적인 삶의 출발은 마음에서 비롯되며 과정 자체의 중요성에 있음을 역사는 교훈하고 있다. 그리고 그의 불굴의 용기가 담긴 연설은 영국 국민들의 마음을 움직이고 연합국들의 마음을 움직이면서 2차 세계대전을 승리로 이끄는 원동력이 되었다.

그의 불굴의 용기는 한 대학의 졸업식 연설에서도 잘 드러난다. 그는 천천히 강단으로 올라와 한참 동안 아무런 말도 없이 바라보기만 했다. 그리고 드디어 작은 목소리로 입을 열었다.

"You! Never give up!"

잠시 후 좀 더 큰 목소리로 "You! Never give up!"

그리고는 다시 한 번 더 아주 큰 소리로 외쳤다.

"You! Never give up!"

그가 강단에서 내려오자 청중은 모두 우레와 같은 박수를 보내며 일어섰다. 청중과 학생들은 처칠의 "결코 포기하지 말라!"고 하는 말의 의미가 어떤 것인지 알고 있었던 것이다.

키에르케고르 연구로 유명한 유나무노의 글 속에 "카데시안의 기사들"이라는 이야기가 나온다. 이들은 "성자의 무덤"을 찾아 나서기로 하고 여장을 갖추어 길을 떠난다. 하지만 이들 중 그 누구도 무덤의 소재지를 아는 사람이 없었다. 그곳이 바다 건너 동편에 있는지 산 넘어 서편에 있는지조차 알지 못한다. 그러고서도 그 길을 떠났다. "찾아가는 길"이 중요했기 때문이다.

길을 떠나 일주일이 지나고 한 달이 지나도 이들의 눈빛은 흐려지지 않았다. 가져온 식량과 물이 떨어지기 시작하고, 강행군으로 병드는 기사들이 생기기 시작하였다. 그러다가 한두 기사가 말에서 떨어져 죽는 사건도 발생하였다. 그때 기사들은 이 죽은 기사들을 위해 무덤을 만들었다. 그리고 그곳에 있는 막대기로 무덤이 있는 묘표를 세웠다. 그 묘표에는 이런 글이 새겨졌다. "성자의 무덤!" 성자의 무덤은 따로 있는 것이 아니다. 우리가 주어진 삶 속에서 정성과 헌신으로 길을 가다가 쓰러져 멈추어 선 곳. 그곳이 바로 우리가 떠날 때 찾아 왔어야 했을, 그 목적지라는 것이다. 다시 말하면 목적지는 나중에 밝혀지는 것이지, 처음부터 놓여 있어서 찾아간 것이 아니라는 것이다. 찾아가는 과정 자체를 생명으로 여길 때 누구나 인생을 성공적으로 살았다고 여겨도 과언이 아니다. 때로는 결과보다는 동기가, 동기보다는 과정이 삶에서 더욱 아름답고 중요할 수 있다.

글로벌 경쟁력을 외쳐대고 있는 사회에서 숨 가쁘게 살아가고 있다. 그러나 잠시 시간을 내어 평화, 자유, 사랑, 타인에 대한 배려 등 눈에 보이지 않는 소중한 것들에 대해 생각해보자. 이 세상에는 얼마나 많은 가치 있는 것들이 존재하고 있는가. 이러한 소중한 가치들은 우리 생각의 내면 깊은 곳에 들어와 자신의 운명을 바꾸어줄 수 있다. 이 세상의 보이는 모든 것들이 아름답게 생각될 때에 자신도 모르게 아름다운 행동을 할 수 있기에 삶은 보다 행복해진다.

사람들은 인생이라는 여정에서 삶의 굴곡 속에서 변곡점이라 할 수 있는 분기점을 알게 모르게 여러 번 지나며 희로애락을 경험한다. 개인이나 조직, 국가도 항상 좋은 날만 있는 것이 아니다. 우리는 지나온 세월로 미루어 보아 자연에서 나뭇잎이 언제쯤 물들고 떨어지는지. 그리고 언제쯤 꽃망울을 터뜨려 봄이 오는지 예상할 수 있다. 그처럼 대부분의 유능한 지도자는 미래의 그 변곡점을 알고 있기에 나아갈 때와 물러설 때를 읽고 행동한다. 현자賢者는 씨앗을 뿌릴 때와 거둘 때를 알고 있는 사람이다.

지금 이 시간에도 넘어진 상태에서 일어나지 못하고 좌절한 채 낙망 가운데서 살고 있는 사람이 무수히 많을 것이다. 이 세상에서 한두 번의 실수나 실패를 크게 경험하지 않은 사람은 아무도 없다. 누구나 가슴에 마음의 상처 하나씩은 안고 살아간다.

패배하는 사람과 성공하는 사람의 차이는 동전의 앞뒤 양면과 같다. '절망'과 '희망'이라는 단어에 달려 있다. 둘 중에서 어떤 단어를 선택했느냐에 따라 결과는 크게 다르다. 즉 실수나 실패 때문에 좌절해서 주저앉느냐, 그것을 경험 삼아서 더욱 분발하고 노력하느냐. 실패는 패배가 아니라 성장하기 위한 시행착오라고 생각하자. 실패가 한 번도 없었다면 어떤 것도 도전하지 않고 제자리에 맴돌며 안이하게 살았다는 증거다. 절망이라는 단어를 빼고 동전의 양면 모두를 희망으로 바꾸는 지혜가 필요하다. 목표를 향한 올바른 정신이 있다면 그 정신이 커다란 에너지로 원동력이 될 수 있음을 믿어야 한다. 믿음이 없으면 실천이라는 행동으로 연결되지 않는다.

어떻게 살아가는 것이 진정으로 세상을 값지게 사는 것일까? 이 세상을 살아가는 사람 누구도 피해갈 수 없는 게 있다. 삶을 마칠 때까지 수명이 조금씩 줄어들도록 DNA로 프로그램되어 있다는 사실이다. 지금 이 순간에도 우리의 삶은 죽음을 향해 걸어가고 있다. 원하든 원하지 않든 우리에게 주어진 유한한 시간. 시간을 누가 더 값지게 소비하느냐에 따라 삶의 질이 좌우되며 성공적인 삶을 사는 요소가 된다.

무엇인가를 간절히 원하는 과정, 그 자체가 생명이다. 삶은 유한하며 흐르는 강물처럼 덧없이 흘러가는 것 같이 보이지만 그 과정 자체가 생명이므로 더욱 소중하다.

가치관이 너무 달랐던 대학 친구가 있었다. 잔디밭에서 카페에서 저녁노을이 지는 모습을 함께 바라보며 심각하게 삶에 대한 토론을 하고는 했다. 졸업 후에 우리의 인생이 서로 얼마나 달라져 있을지 10년 후, 또는 20년 후 한 번쯤 꼭 만나자는 이야기를 했었다. 그런데 대학을 졸업하고 공기업에 입사했던 그 친구는 1년도 못되어 심장마비로 세상을 떠났다는 소식을 들었다. 뿐만 아니라 그동안 알고 지내던 몇몇 지인들이 벌써 내 곁을 떠나갔다. 해마다 학교 동창회에서 제작한 앨범이 소포로 날아오는데, 그럴 때마다 우선 반가운 이름을 찾게 된다. 하지만 고인이라고 적혀 있어서 아연실색할 때가 종종 있다. 가장 최근에 겪었던 일은 내 강의를 듣던 새내기 여대생인 제자를 먼저 보낸 일이다. 제자의 메일을 확인한 지 며칠 지나지 않아 과대표에게 그녀가 심장마비로 세상을 떠났다는 연락을 받은 것이다.

유한한 삶을 어떻게 살아야 하는지 말해주는 예화가 있다.

옛날 세 명의 아내를 둔 남자가 있었다. 그의 첫째 부인은 사람들과 경쟁해서 힘겹게 얻은 아내로서 그가 가장 신뢰했다. 자나 깨나 함께 있으며 곁에 두고 살았다. 둘째 부인은 특히 마음이 잘 맞아 늘 같이 어울려 다니며 즐거워하였다. 셋째 부인은 아내라고 생각은 했지만 별로 관심을 갖지 않았다. 그녀는 하녀 취급을 받으며 온갖 궂은 일을 도맡아 했지만 싫은 내색을 전혀 하지 않았다. 그저 묵묵히 그의 뜻에 따라 순종하기만 했다.

어느 날 그가 먼 길을 떠나게 되어 가장 소중히 여겼던 아내에게 함께 가자고 했다. 첫째 부인은 함께 가고는 싶으나 갈 수 없다고 단호히 거절했다. 그는 심한 충격을 받았다. 둘째 부인은 첫째 부인도 안 따라가는데 자기가 왜 가느냐며 자신은 성문 밖 마을 어귀까지는 따라갈 수 있지만 더 이상은 갈 수 없다고 했다. 그는 몹시 실망 했다. 할 수 없이 별로 관심을 갖지 않았던 셋째 아내에게 찾아갔다. 그러자 셋째 부인은 "당신이 있는 곳이면 어디든지 따라가겠습니다."라며 기꺼이 함께 가겠노라고 했다. 그래서 그는 셋째 부인만을 데리고 머나먼 길을 떠나게 되었다.

이 이야기에서 첫째 부인은 재물을 말한다. 아무리 소중하다고 해도 죽음이라는 먼 길을 떠날 때는 남겨 두고 가야만 한다. 둘째 부인은 사랑하는 가족과 친구들이다. 이 역시 무덤까지는 같이 갈 수 있지만 그 이상은 함께 갈 수 없다. 마지막으로 셋째 부인은 평소에 쌓아놓은 선행이다. 평상시에는 잘 보이지 않았지만 죽음 뒤까지도 동행한다는 이야기다.

상황에 압도되는가? 상황을 극복할 수 있는 마음의 여유가 없는가? 성공은 상황에 쉽게 압도되는 사람에게는 등을 돌리지만, 극복할 수 있는 용기와 여유를 가진 사람에게는 미소를 지으며 서서히 다가온다.

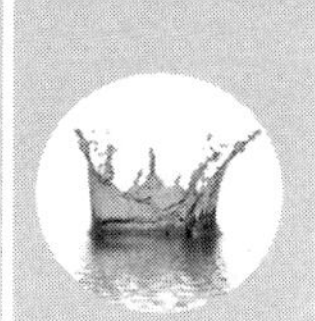

§04 나눔의 설계

소말리아에는 왜 해적들이 많을까? 생각해보면 그 해답이 보인다. 대부분의 아프리카대륙의 국가들이 그렇듯 오랫동안 유럽 열강들의 외침으로 식민 지배를 받으며 국가라는 개념조차 없던 아프리카 여러 부족들은 자원과 인력이 수탈당한 뼈아픈 경험을 가지고 있다. 극히 일부를 제외하고는 그들에게 지식이나 기술 또는 사랑과 물질을 나누어 주지 않았다. 오직 수탈 대상이었다.

소말리아의 국기를 보면 그들이 간절히 원하는 것이 무엇인지 상징적으로 나타난다. 국기의 바탕색은 유럽 여러 국가로부터 독립할 때 UN(United Nations:국제연합)의 신탁통치이사회의 공헌이 컸으므로 국제연합기의 밝은 파랑을 사용하고 있으며, 각이 5개인 별은 식민 지배를 받던 시절에 나누어졌던 5개 지방의 단결을 표시한다. 그리고 별의 흰색은 민족과 국가의 평화와 번영을 상징한다. 그러나 현실은 국기가 상징하는 반대로 가고 있다.

소말리아는 군사 내전과 기근으로 한해에도 수십만 명의 사람들이 굶어 죽거나 사상자가 발생하는 나라이다. 그래서 생존을 위해 아이들조차 빵조각을 얻으려고 군인으로 내세우는 나라다. 소말리아에는 군벌과 반군인 무장단체가 있고 소말리아 정부는 청사 주변이나 지킬 정도로 치안과 통제력은 미약하다. 그래서 많은 지역을 장악하고 있는 군벌과 반군들은 국제사회의 인도적 지원조차 거부하고 있는데다가 잦은 기근과 내전은 사망자와 난민들이 속출하면서 희망을 잃게 한다. 게다가 외부세력에 대한 불신은 점차 커져서 영화나 음악이 금지되고 혈연관계가 없는 남녀가 서로 악수만 해도 태형이나 최고 사형까지 당한다. 외부에 대한 불신은 지금도 증폭되고 있다. 한 번 깨진 신뢰는 수습하는 데 많은 시간과 비용이 들어간다. 이는 그들의 마음을 얻기가 더욱 어렵다는 것을 단적으로 보여주고 있다.

우리가 세상에 머무르는 시간 가운데 가령 10분의 1이라는 시간을 설계해서 진정으로 타인을 위한 봉사자가 되는 것도 기쁨이겠다. 학생들에게 국내외 봉사단으로 나갈 기회가 있으면 놓치지 말라고 이야기하고는 한다.

나눔의 실천을 위해 나눔의 설계도면을 그릴 때는 비교적 자신이 잘할 수 있는 분야에서 타인을 배려하는 설계도면이 되어야 한다.

대부분의 사람에게 선택이라는 것은 좀 더 나은 삶을 추구하기 위한 것이다. 나보다 어려운 이웃을 위해 어떤 선택을 한다는 것은 힘들 수 있다.

유한양행 설립자 유일한 씨는 노블레스 오블리주를 실천하는 사람이다. 그는 미국에서 숙주나물 통조림을 생산하는 라초이 회사를 운영할 당시 녹두를 공급하던 중국 상인이 탈세하는 것을 보고 충격을 받았다. 그래서 유한양행을 설립하자 도덕적 해이를 경계하여 정경유착, 탈세, 마약생산을 절대로 하지 않았으며, 주식회사 체제로 경영하여 사원들이 현재도 주주로서 경영에 참여하고 있다.

자신보다 어려운 처지에 놓인 누군가를 위해 손을 내밀자. 조금씩이라도 도움을 실천하는 삶은 아름답다. 유니세프나 기아대책기구 또는 월드비전에 수입의 1%라도 보낸다면 어떨까? 작은 돈일 수 있지만 아프리카의 한 어린이에게는 생명을 이어갈 양식이 된다. 생명을 살리고 학교를 다닐 수 있는 따스한 돈이 되어 지구촌이 지금보다는 더 아름다워질 것이다.

도움을 받은 사람들 중에서 훗날 사회에 영향을 끼칠 훌륭한 사람들이 나올 수도 있다. 도움을 받았듯이 남들을 도울 수 있는 배려하는 리더, 아름다운 사회를 이끄는 인물로 성장하면 보람된 일이다.

국내의 어느 시멘트 업체는 제품에서 아이디어를 가져와서 "굳기 전에 변하라"는 슬로건을 펼쳤다. 모든 임직원들이 분위기에 적당히 묻어가는 조직문화를 떨쳐버리고 변화하는 세상에서 지속 가능한 성장을 모토로 생존능력을 키워나가고 있다. 지속 가능한 성장을 하려면 지속 가능한 충성고객을 확보해야 한다. 충성고객을 확보하려면 충성고객에게 나눔의 설계가 있어야 한다. 이익만 채우고 고객에게 어떠한 혜택도 없다면 그들은 돌아설 것이다. 고객이 있어야 기업이 있다. 사회공헌 차원에서 현지인들에게 가장 필요한 인프라를 구축해주고 문화회관을 짓고 학교를 세우고 컴퓨터를 기증하는 것은 장기적 측면에서 나눔의 설계를 하는 것이다.

불확실한 경계사회는 어느 시대보다 창의력과 변화를 요구하는 시대다. 이전 시대의 패러다임이 잘 적용되지 않는 시대다. 그렇다면 농업사회나 산업사회에서 형성된 여러 고정관념의 울타리에서도 벗어나야만 한다.

'생각'의 사전적인 뜻은 목표, 계획, 바람에 따라 달라지는, 마음에 느끼고자 하는 상태를 말한다. 어떠한 상황에서도 너무 오랫동안 하나의 생각에 갇혀서는 안 되며 다각도로 생각해야 한다. 댐이 물을 가두기만 한다면 결국은 댐이 터지든가 아니면 넘쳐 흘러버린다. 댐이 수위를 조절하는 능력을 잃고 둑이 무너질 경우 큰 재앙을 불러오는 것처럼 우리의 고정관념도 그렇다. 우리 속담에 '한 푼 아끼고 열 냥을 잃는다'라는 말이 있듯이 소탐대실(小貪大失, 작은 것을 탐하다 큰 손실을 입는다)은 냉혹한 비즈니스 세계에서 이해관계에 너무 민감하다가 결국에는 커다란 손실을 불러온다. 국가간에도 마찬가지다.

사막화가 확대되어가는 중국이나 몽골에 한국은 기술지원은 물론

나무심기 사업에 부분적으로나마 동참하고 있다. 사막화를 막지 못한다면 결국에는 매년 편서풍을 타고 한국에 황사현상을 가져와 비행기 이착륙의 어려움은 물론 청정淸淨 공정이 들어가는 반도체부터 모든 산업에 이르기까지 수십조 원 가치의 막대한 피해를 입게 된다.

아마존강에 살고 있는 코이라는 잉어가 있다. 코이는 어항에 넣을 때와 저수지에 넣어서 키울 때, 강에 방류할 때 삶의 수명은 같은데, 성장 속도와 크기는 확연히 다르다. 물고기가 자라면서 환경에 맞추어 적절한 생존능력이 길러지는 것이다.

또한 산에서 어린 소나무를 캐어 작은 분재 그릇에 심으면 크게 자라지 못하고 성장에 한계가 있다. 그러나 분재를 깨뜨리고 소나무가 살기에 적절한 토양에 옮겨 심으면 뿌리를 깊고 넓게 내리면서 성장의 속도와 크기가 달라진다.

생물의 운명 결정적 요소는 타고난 DNA 요소도 있지만 후천적 환경의 변화와 교육을 통해 달라지게 된다. 더욱이 인간은 자신의 생각에 따른 내면적 변화에 따라 운명이 달라지는 존재다. 자신을 보호하고 자신의 몸값을 높여주었던 울타리는 시간의 흐름에 따라 사라진다. 생각의 틀을 깨고 나와 세상의 속살을 보기 위해 더 큰 세계로 유영해야 한다. 다른 누군가를 위해서 생각의 틀을 바꾸는 것이 아니 다. 뿌리를 내리고 높게 자라는 멋진 나무와 같이 먼저 자신이 변화하는 환경과 더불어 깊이 있는 인생을 추구하고, 때로는 나뭇잎을 떨어뜨리듯 인생에서 거추장스러운 것들을 내려놓아야 한다.

날씨나 인생의 남은 날을 우리가 결정할 수는 없다. 그러나 인생의 깊이나 넓이 또는 마음의 날씨기류는 조절이 가능하다. 주어진 환경의 커다란 장벽 앞에서 숙명처럼 현실을 받아들이거나, 그날그날 먹고 살기에 바쁜 사람, 덧없이 흘러가는 강물처럼 수많은 시간을 흘려보내거나 떠밀리 듯 살아가는 사람, 만약 그런 사람이 있다면 자신의 미래와 운명에 대해 진지하게 생각해보길 권한다. 모든 것을 바꿀 수 있는 힘이 자신에게 있다는 것을 잊지 마라!

생각을 바꾸면 운명이 달라질 수 있다는 말은 성공한 사람들에게 많이 들을 수 있다. 나태해지면 편안하게 살려는 안이한 생각이 든다. 자신감은 자신과의 치열한 싸움을 통해서 생겨난다. 스스로의 노력으로 자신의 미래가 달라질 수 있다는 철저한 믿음을 갖고 있는 사람들, 그들에게 아름답게 변화된 미래가 다가오는 것은 시간문제일 것이다.

우리에게는 정해진 부분과 개척할 수 있는 부분이 있다. 지금 선택할 수 있는 것은 무엇일까? 태어남도 죽음도 우리가 선택할 수 있는 몫은 아니다. 비록 불공평한 삶을 살지라도 죽음만큼은 누구나 피해 갈 수 없는 평등한 것이다. 삶의 과정에서 자신이 왜 살아가야 하는지, 가치 있는 삶이 무엇이며 어떻게 선택해야 하는지 진지하게 고민해보기 바란다.

요즘 장례 지도사들은 영안실에 시신이 들어오면 시신이 굳기 전에 먼저 입술의 양 끝을 살짝 올려 준다고 한다. 가족들에게 조금이라도 행복한 모습으로 세상을 떠났다는 것을 보여주기 위한 고객 배려

차원이다. 나눔의 설계는 소유하고 있는 것이 많아서 나눌 수 있는 것이 아니다. 오지 여행 중에 갈증을 느끼는 나그네의 목마름을 해결해 줄 수 있는 한 모금의 물이면 된다.

따스한 마음이 있다면 세상을 보다 아름답게 가꾸고 꽃을 피울 수 있다. 자신의 인생을 설계할 때 나눔도 함께 설계하라. 작은 나눔이 생명의 싹을 틔운다.

Chapter 4 위기의 본질을 찾아서,

역사는 크고 작은 변화의 흐름과 함께 발달하며 진행되어왔다. 변화의 속성은 야누스의 얼굴처럼 양면성을 가지고 있어서 한편으로는 미소를 띠지만 한편으로는 공포를 조성한다. 스마트폰은 손바닥 안의 SNS(Social Networking Service)로 빛의 속도로 움직인다. 누구나 잘 활용하면 기회가 되지만 한 개인의 비윤리적 행위는 국가나 조직의 이미지를 하루아침에 훼손하며 오랫동안 쌓아온 이미지를 한순간에 무너뜨릴 수 있다. 그래서 비윤리적 행위는 사회적 재앙을 불러오고 개인 또는 소속한 집단이나 조직에게 위기가 찾아온다. 위기는 개인과 조직이 가장 안심할 때 안전지대에서 찾아온다. 지금 자신이 한창 잘나가고 있다고 생각된다면 가까운 미래에 예상치 못한 시기에 닥쳐올 위기를 대비하는 위기관리 체제로 전환해야 한다.

§01 위기의 본질을 찾아서

　다행히 세계적 초우량 기업들이 한국에도 있다. 앞으로 이런 기업들이 얼마나 세계적인 기업으로 지속해서 성장해나갈 것이냐는 내부와 외부 구성원들의 태도에 달려 있다.

　어느 시골 마을 한 어귀에 아름드리나무 과일나무가 풍성한 자태를 뽐내며 서 있다. 그런데 수많은 건강한 뿌리 중에서 썩은 뿌리 하나가 길 위에 노출되어 리어카를 끌거나 무심코 걷다가 돌출된 나무 뿌리에 걸려서 넘어져 다치는 일이 생겼다. 마을 사람들은 나무를 아예 베어버리자고 야단이었다. 흙으로 덮거나 작은 썩은 뿌리 하나를 베어내면 쉽게 해결 될 일이었다. 왜냐하면 그 나무가 서울에 살고 있는 사람의 것이었기 때문에 과일이 달려도 마음대로 먹을 수 없었고 그들에게 아무런 이익이 되지 않는다고 생각했기 때문이다.

사회에서도 각자의 이해관계, 조직의 편가름, 정치권의 당리당략 등 모두 비슷한 모습을 연상하게 한다. 작은 약점 하나를 발견하면 걸고 넘어뜨리려고 한다. 커다란 장점을 보지 못하고 작은 약점을 확대시켜 아름드리나무를 베어버리려고 하는 것처럼 말이다. 나무의 위기는 마을 사람들의 이기심 때문이었다. 그때 일부는 나무를 베면 땔감을 얻거나 또는 심리적으로 이익이 된다고 생각한다. 그러나 나무가 없어진 자리에서는 이제 아름드리나무 밑에서 마을 어른들이 뜨거운 햇빛을 피해 담소를 나누거나 아이들이 소꿉놀이하는 풍경을 볼 수 없다.

이러한 논리를 조금 더 확장하면 학연, 혈연, 지연 등에 얽매인 아직도 정신을 차리지 못한 한국의 사회구조는 눈앞의 이해관계에 얽매어 위기를 불러오는 본질이 되고 있다.

잊었는가? 세상은 급변하고 있는데 안에서 대문을 걸어 잠그고 돈으로 매관매직하며 집안 권력싸움에 목숨을 걸던 양반들을. 도덕적 위험을 강 건너 불구경하면서 즐기던 세도가들을. 그로 인해 일본에 강제 합병되어 조선의 금수강산이 무참히 수탈당하며 짓밟혔던 역사를 기억하는가. 완전한 광복도 스스로 얻어내지 못한 지금, 지금도 서로 총부리를 겨누고 있는 휴전선은 처절한 상처의 현장이다.

불확실한 글로벌 환경에서 가장 중요한 생존의 키워드는 '변화'다. 위기의 본질은 무엇이고 위기는 언제 찾아올까?

말은 맞는데 현실은 그렇지 않을 때, 다른 사람들과 공감대를 형성하지 못하고, 무늬만 그럴싸한 껍데기 인생을 살고도 겉으로 성공한 데 만족해하는 리더와 구성원들과의 갭gap이 클 때 큰 위기가 찾아온다. 이런 경우 리더에게 어려움이 찾아온다 하더라도 아무도 동조하지 않는다. 이론과 실제의 격차가 얼마나 큰지 화상火傷을 입은 후에야 불이 뜨겁다는 사실을 안 것처럼 때는 이미 늦었다.

리더들은 지금도 변화해야 한다고 큰 소리로 외쳐대지만 변화의 중심이자 출발점은 주어진 환경이 아니라 구성원들 각자의 깊은 내면에 있다. 변화의 과정에서 각자의 내면이 변하지 않고는 위기에 대처하면서 적응하기 어렵다. 먼저 변화를 실천하지 않으면 힘을 가지고 있는 리더의 겉모습에 동조하면서 다른 한편으로는 동조하지 않는 이중적 잣대의 모습이 마음속에 자리를 잡게 된다.

스위스의 문학자이자 철학자였던 아미엘은 오랜 시간 자아를 분석하여 《내면의 일기》를 저술하였다. 그는 "마음이 변하면 태도가 변한다. 태도가 변하면 습관이 변한다. 습관이 변하면 인격이 변한다. 인격이 변하면 인생이 변한다"고 말한다.

습관을 바꾸는 것은 힘들다. 오랫동안 경험에서 쌓아온 사고방식을 하루아침에 바꿔놓는다는 것은 어려운 일이다. 습관은 커다란 변화 앞에서도 바꾸기 어려운 고정관념이기 때문이다.

변화는 위기일까? 기회일까?

몽골의 수도에 있는 울란바토르대학교를 방문하여 간단히 IT 관련 세미나 발표를 마치고, 식사시간에 한국인과 외모가 거의 똑같은 몽골

현지인을 마주하면서 호기심에 '한국사람의 첫 이미지'에 대해 물었다. 그랬더니 처음에는 짐승처럼 보였다고 했다. 그의 다음 말을 들으니 이해할 수 있었다.

"한국사람은 말이나 염소, 야크 또는 양들이 먹는 풀을 먹고 살아가기 때문에 그렇게 보였어요. 지금은 한국사람들이 운영하는 식당들이 생기고, 일 때문에 자주 한국인을 접하면서 한국음식을 좋아하게 되었어요. 이제 저도 풀을 먹어요. 하하!"

웃으며 이야기하던 그의 모습이 눈에 선하다. 그는 채소류보다 양고기가 몽골에서는 더 싸다는 이야기도 했다. 그 까닭은 먹는 풀의 90%가 가까운 중국에서 수입되기 때문이라고 한다. 양, 말 같은 짐승의 수는 몽골인 약 300만 명의 10배로 3천만 마리 정도가 자란다. 그래서 말이나 양고기 대부분을 먹고도 남기 때문에 러시아로 수출한다고 한다.

몽골인들의 먹을거리는 지역 기후의 특성에 따라 독특하다. 여름이 짧기 때문에 그 기간 동안은 우유를 주로 마시고, 추운 겨울은 몹시 길기 때문에 고기를 주식으로 한다. 고기를 말려서 가루로 만들어 끓는 물에 타서 먹거나 건조된 고기 덩어리를 끓는 물에 넣었다가 꺼내어 칼로 썰어 먹는다. 비타민C는 고원지대에서 나오는 녹차로 대신하는 것이 전부다.

함께 있던 몽골 젊은이에게 한국사람의 평균수명이 몽골인의 평균수명보다 10년 이상 길다고 설명해주었다. 그랬더니 고추장, 된장, 김치를 갑자기 맛있게 먹었다. 고추장을 먹으니까 항문에 불이 난다고 해서 함께 했던 사람들 모두 크게 웃었던 기억이 난다.

변화의 바람은 도회지에 거주하는 몽골인들의 식생활과 주거문화와 의복까지도 바꿔놓고 있다. 지금은 대개 노인들만이 초원지대의 게르^{Ger}에서 유목생활을 하고 있다. 휴대전화를 소유하게 된 젊은이들은 곳곳의 새로운 소식을 쉽게 접하면서 도회지로 몰려들고 있다. 그래서 몽골의 오지나 초원에서 더 이상 젊은 유목민들을 찾아보기 어렵게 되어가고 있다. 몽골의 지역적 고령화사회는 젊은이들이 유목민생활을 접고 도회지나 해외로 눈을 돌리면서 나타난 현상이다.

어느 국가나 마찬가지로 변화와 위기는 그 자체로 끝나는 것이 아니라 또 다른 기회를 제공한다. 어학공부를 위해 해외로 나가는 한국 학생의 수가 급격히 늘고 있다. 불확실한 미래에 대해 불안감을 느끼는 청소년들, 그들은 다른 세계에서 새로운 경험과 기회를 찾으려고 한다. 어학을 통해 자신의 부가가치를 높이려 한다.

IMF의 경제위기 상황이 바람직한 현상은 아니지만 한국인들의 시야를 넓혀 더 넓은 세상으로 나아가게 한 것은 사실이다. 더 나은 직장과 미래를 생각하게 된 청소년들, 개척정신으로 해외로 나가서 공부를 선택한 젊은이들. 한국국제협력단(KOICA)에서 파견하는 해외봉사단원들의 숫자가 세계 3위로, 도움을 받던 국가에서 도움을 주는 국가로 변모했다. 필자가 해외에 나갈 기회가 있어 찾아보면 자신의 재능을 살려 어려움을 겪고 있는 현지인들에게 희망을 주면서 제2의 삶인 인생

2막을 열어가면서 묵묵히 봉사하는 사람들이 많다. 그들 대부분은 지구촌에 필요한 인재들이고, 세계 곳곳에 파견된 젊은이들은 경험을 살려 인재로 성장할 것이다.

21세기 세계화와 불확실한 경계사회로의 진입은 한국사회에 패러다임의 변화를 가져왔다. 이제까지 우리 사회는 좋은 대학에 들어가기만 하면 대부분의 문제가 해결되었다. 초·중·고 교육은 학문과 인격의 성장보다는 대학에 들어가기 위한 하나의 과정쯤으로 여겨져 왔다. 대학을 졸업하고 평생직장에 들어가서 결혼을 하고 가정을 꾸리는 것이 대부분 사람들의 삶의 수순이었다. 실제로 학생들은 부모들의 희생을 바탕으로 공부하고 노력했다. 그래서 사회 각 분야에 진출하여 많은 성취를 이뤘고, 중산층의 주류를 형성해올 수도 있었다.

그러나 글로벌이라고 하는 지구촌시대는 한국 내에서뿐만 아니라 세계무대를 배경으로 경쟁이 진행된다. 지구촌시장에서 세계인과의 경쟁을 통해 본질적으로 경쟁력 있는 인재가 되어야 하는 패러다임으로 모든 것이 확 달라졌다.

10년 정도 걸리던 제품이나 서비스 수명의 사이클이 5년으로 줄어들더니, 5년에서 2.5년으로 급격히 짧아지고 있다. 그래서 끊임없이 학습하고 그것을 밑거름으로 창조적인 꽃을 피워야 한다. 배우며 일하는 사람에게는 기회의 문이 열려 있다. 현재의 지구촌에서 자기 계발은 내일을 기다릴 여유가 없다. 바로 지금 세상의 흐름을 읽고 자신의 분야에 접목해야 한다. 기회를 잡아야 한다. 떠오르는 태양을 누워서 맞이하려는 자에게는 내일이 없다.

　지금은 단순한 지식이나 정보량의 크기만 가지고는 경쟁력을 갖지 못한다. 엄지손톱 크기의 칩 하나에 일생 동안 공부한 지식의 양 이상이 들어가고, 필요할 때는 언제 어디서나 꺼내 활용할 수 있기 때문이다. 홍수처럼 쏟아지는 수많은 지식과 넘치는 정보의 바다에서 남들과 다른 시야를 가지고 무엇이 중요하며 어떻게 활용할 것인지를 알아야 한다. 대안과 창의력을 접목할 수 있는 정보능력이 보다 중요하게 되었다. 개개인의 재능이 무엇인지 먼저 찾아보고 특성을 인정하며 그것을 계발시켜야 한다. 새로운 교육이 절실하게 요청되는 시대가 된 것이다.

　경쟁력이 있다는 것은 한국사회에서는 물론이고 지구촌사회의 세계인과 경쟁할 수 있는 능력이 있다는 것을 의미한다. 한국사회의 관점과 가치관이 세계인들과 다른 부분들이 있기 때문에 국내의 일등이 세계에서 경쟁하는 데 자칫 꼴찌가 될 수도 있다. 글로벌 시각에서 바라보고 자신을 분석할 수 있어야 한다.

　빛의 속도로 데이터가 움직이는 스피드 시대에는 변화와 혁신이 가속도로 진행된다. 제품이나 서비스 또는 지식의 유통주기가 점점 더 짧아지고 있다는 의미다. 치명적인 것이 아니라면 단점을 개선하는 시간에 장점을 더욱 강화시키는 게 좋다. 자신의 전문분야를 특화시키고 확보하는 것이 더 효율적이기 때문이다. 예컨대 어떤 제품의 단점을 개선하면 보다 나은 제품이 될 수는 있겠지만 최고는 되지 못한다. 그러나 어느 부문에서든 자신만의 노하우로 제품이나 서비스 측면에서 장점을 더 강화시킨다면 해당 부문에서 최고가 될 수 있다.

§02 거품을 체크하라

　　세계통화인 달러를 지속적으로 찍어내며 소비로 경제를 이끌어가던 경제 패권국가인 미국의 모기지론이 서브프라임 모기지(신용도가 낮은 개인을 대상으로 한 비우량 담보대출)로 확대되면서 가계부채가 거품을 일으키다가 실물위기로 번지면서 결국 거품이 꺼져 글로벌 금융위기를 불러 일으켰다. 그것을 바라본 경제학자들은 신자유주의와 주주자본주의의 종언을 선언하며 이를 대체할 새로운 경제체제의 대안을 찾고 있지만 추가적으로 자본주의 논리로 설명하기 어려운 부문은 공장, 토지, 자본이 없어도 사이버 공간에서 네트워크 경제로 막대한 부(富)를 거머쥐는 신흥거부들이 나타나고 있다. 물론 사이버 공간에서도 부익부 빈익빈 현상이 나타나며 거품이 일고 쉽게 꺼지는 굴곡선이 존재하는 것은 마찬가지다.

대한민국도 IMF 경제위기에 대한 극단적 처방이 기업구조조정이었다면 IMF때와는 다른 모습이겠지만 자산거품을 불러올 제3 금융권에서 가계부채의 증가에 대한 대처방안은 무엇인가? 위험을 감수하면서 내 앞에서만 거품이 꺼지지 않기를 바라는 주택담보대출자들의 심리적 불안을 언제까지 바라보며 대안도 없이 버텨낼 것인가?

일부 신흥국을 제외하고는 OECD라는 선진 국가들에서는 한국에 비해 가계부채 비율이 상당히 낮다. 농촌에서 대도시로 인구가 급속히 유입되는 신흥국을 빼고는 필자가 입수한 해외분석 자료나 직접 해외로 나가 선진국들의 주택에 대해 조사한 바에 의하면 선진국에서는 물가는 올라도 인구가 늘지 않아 수십년간 주택가격이 오르지 않는 경우가 대부분이었다.

눈에 보이는 화려한 것들만이 반드시 진실은 아니다. 화려한 거품을 체크하기 위해서는 겉모습 보다는 속성을 볼 수 있는 통찰력이 필요하다. 인류역사를 24시간이라고 할 때 자본주의 역사는 약 5분 정도 지나고 있다. 자본주의 역사는 짧지만 인간의 탐욕적인 욕망이 무한대이므로 시장에서 필연적으로 거품을 만들어낸다. 그 거품이 꺼질 때마다 사회주의 이론의 기초가 되는 칼 마르크스의 '자본주의 붕괴론'이 등장하며 연구할 가치를 내세우기도 한다.

한 예로 매일같이 쏟아지는 무차별적인 휴대전화 ARS 또는 이메일에서 "대출서비스 당일 3,000~5,000만원 즉시 승인가능"이라는 메시지가 수없이 쌓이고 있다. 그만큼 돈놀이가 된다는 이야기고 불법적인 사채버블도 커진다는 반증이다. 결국 전 국민을 빚쟁이로 만드는 자본주의 사회에서 약자를 대상으로 한 불법추심업체들의 버블 미끼상품이 판을 치면서 경제적 약자를 막다른 벼랑 끝으로 몰고 있다는 징후로 보여 이에 대한 철저한 정책적 시스템 대비가 상책이다.

대부분의 드링크 음료수는 거품이 있어야 맛있게 느껴진다. 시장에서도 거품이 일어나야 사람들이 몰리고 달려든다. 거품이 없는 자본주의 시장은 썰렁하다. 건설사와 은행들은 거품이 일어야 경기가 부양되면서 경제도 일어난다. 거품이 없다면 마치 김빠진 맥주처럼 건설시장과 금융시장의 활력소가 사라진 것 같다. 거품은 물질의 속성상 본질은 아니지만 눈에 보이는 활력소는 분명하다.

경제도 변화의 주기에서는 언제나 사이클 주기는 다를지라도 천장과 바닥이 있기에 어떤 시장에서도 거품이 끼기 시작한다면 거품이 바닥으로 곤두박질치면서 꺼질 때를 대비해서 대비책을 준비하고 경계하며 체크해야 한다. 거품은 경제적 가치의 본질이 아니기 때문에 시간이 경과하면 자체적으로 소멸되어 그 가치는 사라진다.

유럽은 과거 경제성장기에 아파트 붐이 있었지만 경제성장률과 출산율이 저하되면서 30년 가까이 부동산 붐은 일어나지 않았다. 경제성장이 둔화되면서 거품이 꺼지는 노후화된 아파트는 철거되고 그 자리에 3-4층짜리 빌라가 들어섰다. 일본도 20여 년 가까이 부동산 거품이 꺼지면서 같은 현상을 겪는다. 거품이 꺼지는 현상은 경제성장의 둔화와 함께 출산율저하로 인한 고령화 사회와 맞물려 있다. 일본이나 한국의 인구는 평균적으로 포물선을 그리면서 거품이 자연스럽게 꺼지고 있다는 신호이다. 반면에 역동적으로 발전하는 신흥개발도상국은 출산율이 높아 인구수도 늘고 정부주도의 급속한 개발정책은 대도시로 몰리는 대기 수요층이 주택의 공급이 따라가지 못해 거품이 일어나면서 주택가격이 폭등하는 경우를 신흥국 몇몇 나라에서 찾아 볼 수 있다.

요즘 연상연하 커플이 많이 늘어나고 있다. 남녀 구분 없이 연령 차이는 이슈가 되지 못한다. 한국에서 두어 살 어린 남자와 결혼해서 살고 있는 한 젊은 여자가 동네방네 다니며 자랑한다.

"나 영계랑 살아서 얼마나 행복한지 몰라!"

어린 남편이 출근하면서 아내와 대화를 나누었다.

"어이, 친구 돌잔치에 입고 갈 양복은 세탁했어?"

"그럼요, 벌써 준비해놓았죠."

다시 남편이 물었다.

"어이, 선물은 준비했나?"

"어머나 깜박했네. 어쩌죠? 빨리 준비해올게요."

아내가 아주 상냥하게 대답한다.

부부의 대화를 가만히 곁에서 듣고 있던 어린 딸이 쪼르르 달려와서 엄마에게 물었다.

"엄마는 아빠보다 나이가 더 많은데 왜 존댓말을 써?"

그러자 아내는 남편 눈치를 보다가 딸아이에게 조심스럽게 다가가 귓속말로 이렇게 말했다.

"안 그러면, 쟤 삐져!"

눈에 보이는 현상이 실제적 진실과 다르거나 부풀려진 경우가 종종 있다. 거품이 끼어 있다는 증거다. 그 차이가 작을 때는 별로 문제되지 않으며 윤활유 역할을 하기도 한다. 젊은 부부 사이의 대화에 있는 거품은 미소를 짓게 한다. 그러나 경우에 따라서 거품은 실제 상황을 왜곡시키며 그 사회 전체를 위기에 몰아넣기도 한다.

요즘 여러 분야에서 거품이 꺼지고 있다는 이야기가 들리고 있다. 그중에서도 부동산 거품과 통화 거품이 그 위력적인 힘에서 중심을 차지한다. 거품이 거품으로 끝나지 않고 세계경제에 먹구름을 드리운다. 주택시장을 붕괴시키고 금융위기를 불러오며 실물경제에 영향을 주고 있다.

거품은 눈에 보이는 현상이 실제 상황을 제대로 반영하지 못하는 상황에 대한 비유다. 자신의 삶 어느 영역에 있는 거품을 방치해두었는지, 거품 같은 허상을 쫓아 살아가고 있는 것은 아닌지 생각해볼 일이다. 비눗방울로 만든 거품은 아름답게 보이지만 현실에서의 거품은 결코 아름답지 않다. 때에 따라 그 파괴력과 부작용은 상상을 초월해서 태풍처럼 나타나기도 한다. 이제부터라도 혜안을 가지고 삶의 여러 영역을 살펴야 한다. 거품이 있다면 걷어내어 실체적 진실에 적합하게 살아야 한다. 참된 가치관을 가지고 살아가야 후회가 없다. 내 삶에 거품은 없는가? 나는 이러한 거품을 쫓아 세월을 낭비하며 허송하고 있는 것은 아닌가? 이제 거품을 경계하고 거품에 대해 다시 생각해볼 때다.

거품은 인간의 심리적 현상에도 존재한다. 우리 속담에 "자라 보고 놀란 가슴 솥뚜껑 보고 놀란다."라는 말이 있다. 활에 상처를 입은 새는 굽은 나무만 보아도 놀라고, 한 번 어떤 일로 어려운 일을 겪은 사람은 비슷한 상황을 만날까 두렵다.

특정한 정서와 관련된 정보들이 그물망처럼 서로 연결되어 있어서 한 가지 정보가 자극을 받으면 관련된 기억들이 함께 떠오르는 현상을 점화효과(Priming Effect)라 한다. 그러나 솥뚜껑은 자라가 아니며 나무는 화살이 아니다. 이러한 것들은 심리적인 거품에 불과하다. 과거에 받은 마음의 깊은 상처들을 현재의 두려움으로 부활시킬 필요가 없다. 과거는 오늘이 아니다.

톨스토이는 인생에서 삶에 대한 중요한 세 가지 질문을 한다.

"가장 중요한 시간이 언제인가?"

"가장 중요한 사람은 누구인가?"

"가장 중요한 일은 무엇인가?"

그는 "지금 이 순간이 가장 중요한 순간이며, 지금 내 앞에서 나와 함께 있는 사람이 가장 중요한 사람이고, 내가 지금 하고 있는 일이 가장 중요한 일이다."라고 말한다.

두려워하거나 걱정할 필요가 전혀 없는 상황에서 두려움으로 시간과 기회를 낭비하고 있는 것은 아닐까? 내 안에 심리적인 거품이 있는지 살펴보자. 오늘 이 시간이 나에게 남아 있는 날 중 가장 젊은 날이고, 첫 시간이다.

그럼에도 불구하고 미래에 대한 불안이 있다면 일정한 기간을 할애하여 자신이 속해 있는 공간을 떠나보라. 우리가 딛고 있는 땅은 다양한 색깔들이 존재하는 드넓은 세상이다.

지혜로운 사람은 세상의 흐름을 읽으며 자신의 부족함을 깨닫는다. 언제나 준비하는 자에게 분명히 기회가 있다는 사실을 알고 있는 사람이다. 이해관계가 복잡하게 얽혀 있는 세상이라는 무대. 그 위에서 속이 빈 채 무늬만 화려한 허상을 쫓아가며 껍데기 인생으로 살아갈 것인가? 노력하고 준비하며 자신과 이웃을 위해 살아갈 것인가?

거품은 눈앞에 보이는 현상만을 보고 판단함으로써 그 안에 숨겨진 실체적 진실을 보지 못하는 데서 발생한다. 많은 사람들은 현실에 떠밀려 눈에 보이는 허상을 쫓아 내면의 진실을 외면한다. 그렇게 살아가다가 어느 날 갑자기 거품이 꺼지면 정신적 고통을 겪게 된다. 삭막하고 황폐한 마음과 외로움을 경험하게 된다.

눈앞의 이해관계에 따라 마음이 춤추며 흔들리지 않아야 한다. 타인의 가치를 찾아내어 격려하고, 자신의 가치에 따라 실력을 쌓는 삶. 바람직한 양심에 따라 살아가면 마음이 풍요로워진다. 더불어 자신의 몸값도 높아지게 된다. 이러한 것들은 어느 날 스스로 느끼게 되고, 행복한 여신의 미소 또한 마주하게 될 것이다.

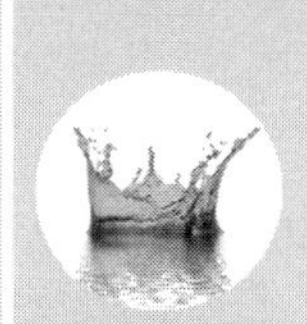

§03 선택의 기회비용

오늘도 단조로울 수 있는 일상생활에서 무엇을 선택하며 살아가고 있는가? 우리가 선택한 인생은 하루하루 선택의 연속적인 점으로 이루어져 있다. 우리는 자신도 모르는 사이에 수많은 선택을 하며 살아간다. 삶에는 질곡과 같은 파동이 있고, 선택한 것들이 알게 모르게 무수한 선택의 점으로 연결되어 있다. 그런데 하나를 선택하면 다른 선택 가능한 것들을 포기하는 때가 종종 있다. 시간, 비용과 같은 자원의 한계로 인한 어쩔 수 없는 상황들.

인간은 제한된 한계 내에서 보다 만족을 주는 것을 선택하고 그렇지 않은 것들을 포기한다. 이 두 가지 상충(trade-off)하는 욕구 중에서 어느 한쪽의 욕구를 수렴하는 것이 바로 '선택'이다. 선택할 때 중요하게 고려해야 하는 것이 바로 기회비용이다. 기회비용(opportunity cost)이 란 어떤 것을 선택함으로써 포기하게 되는 가치의 합을 말한다.

시인 프로스트의 '가지 않은 길(The Road Not Taken)'은 인생의 길에 있어서 선택과 기회비용에 대한 예를 잘 보여준다. 숲속에 있는 두 갈래의 길. 한 사람이 하나의 길을 선택해서 걸어감으로써 다른 하나의 길을 포기하게 된다. 그리고 시의 주인공은 오랜 세월이 흐른 다음 돌이켜보며 그 선택이 자신의 운명을 바꿔놓았음을 고백한다.

이렇게 선택은 선택하는 사람이나 기업, 국가의 운명을 바꾼다. 미래의 변화를 읽고 현재의 것들 중에서 우선순위를 재조정해야 한다. 선택과 집중을 통해 하나씩 성취해가는 연습이 일상생활에서도 필요하다.

시간에도 기회비용의 원리가 적용된다. 이해를 돕기 위해 하루라는 시간이 주어진 상황(다른 조건은 동일)에서 가정해보자. A지점에서 출발하여 B로 가는 세 가지 방법이 있을 때, 그중에서 하나를 선택해야 하는 경우다. 도보로 가면 24시간이 걸리고, 승용차를 이용하면 5시간이 걸리며, 비행기를 이용하면 1시간에 도착할 수 있다. 여기에서 도보로 가게 되면 남는 시간은 0시간이고, 승용차를 타고 가면 19시간이 되며, 비행기를 이용하면 23시간을 절약할 수 있다. 이때 목적을 추구하는 사람이라면 합리적인 선택을 할 것이다. 기회비용을 적게 들이며 많은 시간을 남겨주는 비행기를 이용하는 방법이다.

골프 스타 박세리와 타이거 우즈는 둘 다 대학을 포기했다. 대학에서 학위를 받는 것보다 대학을 포기함으로써 확보할 수 있는 시간에 대한 기회비용이 크다고 생각했을 것이다. 즉 프로골퍼로서의 생활이라는 기회비용이 상대적으로 더 컸기 때문이다.

물리적으로 시간을 저축할 수는 없지만 주어진 시간을 보다 가치 있게 사용할 수는 있다. 부가가치가 더 큰 상품을 만들거나 서비스를 제공하는 데 사용하고 효율적으로 소비하라. 그러면 다른 측면에서 시간을 저축하는 효과가 된다. 하릴없이 그냥저냥 세월을 보내는 사람에게 시간 저축의 효과는 적다. 그러나 시간을 쪼개어 가치 있게 활용하는 사람은 다르다. 시간의 한계를 극복하며 저축하는 효과로 크게 나타나게 된다.

시간이 자산임은 물론이다. 그런데 내가 소비하는 시간이 부채를 쌓고 있는가? 아니면 자산을 축적하고 있는가? 현재 지출되고 있는 시간이 부채로 되어 쌓이면 마이너스 인생이 되고, 시간이 지나서 자산으로 쌓이면 플러스 인생이 된다. 양자를 구분해서 지혜롭게 사용한다면 미래의 자산과 가치는 시간이 흐를수록 더욱 높아질 것이다.

가치 있는 선택의 기회가 주어지지 않았다면 모를까, 다양한 선택의 기회 앞에서 망설이며 주저하는 것은 최악의 선택이다. 최선을 다한 선택이 반드시 최상의 결과를 보장하지는 않겠지만 차선의 결과라도 가져다줄 것이다. 그러나 어느 것도 선택하지 않으면, 포기한 것도 없으니 문제다. 기회비용으로 말하면 아무런 열매도 거두지 못하면서 후회만을 남길 수 있기 때문이다.

튤립 꽃에 얽힌 전설은 선택의 순간에 머뭇거리며 기회를 놓친 우유부단함이 가져온 결과를 잘 나타내고 있다.

중세 로마에 튤립이라는 이름을 가진 아름다운 소녀가 살고 있었다. 소녀가 성장하자 세 사람의 청년들이 찾아와 동시에 청혼을 했다. 이웃나라 왕자인 한 청년은 결혼을 하면 왕비의 관을 씌워주겠다고 했다. 부유한 상인의 아들은 많은 금은보화가 담긴 금궤를 주겠다고 했다. 준수하게 생긴 젊은 기사는 보검을 선물로 주고 세상에서 가장 행복한 여인으로 만들어주겠다고 했다.

소녀는 세 사람 다 놓치고 싶지 않았다. 고민을 거듭하는 사이 많은 시간이 흘러갔고, 기다리다 지친 청년들은 실망하며 모두 그녀의 곁을 떠났다. 이 사실을 알게 된 소녀는 너무나 절망하여 비관만 하다가 병이 들어 세상을 떠났다. 그 후 소녀의 무덤에서 한 송이 아름다운 꽃이 피어났다. 꽃봉오리는 왕관을, 잎사귀는 기사의 칼을, 그리고 뿌리는 금궤를 닮아 있었다. 소녀의 염원을 담은 듯 피어난 이 꽃을 사람들은 튤립이라 불렀다.

다양하고 좋은 기회 중에서 선택이 어려운 것은 다른 것을 포기해야 하는 기회비용이 있기 때문이다. 인생이 선택의 연속이라면 다른 한 면에서는 선택과 맞물려 있는 포기의 연속이다. 소녀가 선택을 하기 위해서는 다른 두 사람을 포기해야 했다. 그러나 아무도 포기하지 않았기 때문에 그녀는 아무도 선택할 수 없었다. 여러 할 수 있는 일들이 많지만 아무 것도 선택하지 않고 막연히 시간을 흘려보내는 사람들. 그들은 소녀처럼 최악의 선택을 하는 것이다.

포기가 어려운 이유는 유한적인 삶을 사는 인간의 욕망이 무한성을 지닌다는 데 있다. 인간의 욕망이 부정적인 것만은 아니다. 어느 정도 욕망이 있어야 사회가 발전하고 역동적으로 움직이며 생동감이 넘쳐난다. 하지만 그 욕망이 통제되며 조절되지 않고 무한하게 나타날 때, 서로의 욕망이 충돌하며 사회의 부작용과 마찰을 불러일으킨다.

튤립 소녀는 자신의 욕망을 적절한 선에서 조절하지 못했다. 포기해야 할 때 포기하지 못했고, 따라서 누구도 선택할 수 없었다. 자신의 욕망을 적절하게 조절하고 포기하는 지혜를 터득하기를 바란다. 그러면 주어진 기회들 가운데 최상의 선택을 하는 방법 또한 배우게 될 것이다.

보다 가치 있는 삶을 살려면 기회비용에서 선택이 자신의 가치관을 적절히 반영하고 있는지 고려하는 것이 좋다. 기업에서 기회비용의 산출은 금액으로 표현될 수 있지만, 개인의 선택에 대한 기회비용은 종종 금액만으로 산출되지 않는다. '시간을 어떻게 사용할 것인가?', '무엇을 선택할 것인가?' 등 인간의 사회생활에서 선택의 순간에는 다양한 요소들이 함께 작용하기 때문이다.

가족을 매우 소중히 여기는 한 남자가 주말에 홀로 낚시를 가기 위해 가족과 놀이공원에 가는 것을 포기했다고 하자. 그리고 그런 선택이 반복되어 가족과의 관계가 원만하게 이루어지지 않는다면, 그의 선택은 자신의 가치관을 제대로 반영하지 못한 것이 된다. 순간순간 이

루어지는 선택이 무의식 중에 내 가치관을 반영한다는 것을 깨달아야
만 한다. 그러면 가치 있는 삶을 위해 작은 선택일지라도 보다 신중해
질 것이다.

§04 지렛대 효과

건축이나 토목공사를 할 때 크고 무거워 움직일 수 없는 물건도 지렛대를 사용하면 쉽게 움직이거나 들어올릴 수 있다. 이렇게 작은 힘을 사용하여 큰 힘을 발휘하는 것을 '지렛대 효과'(leverage effect)라고 한다. 의미는 조금 다르지만 경영학에도 '지렛대 효과'가 있다. 타인의 자본을 지렛대 삼아 투자했을 때 자기 자본 이익률이 높아지는 것을 말한다.

그러나 지렛대의 효과에는 한계가 있다. 지렛대가 물체를 견딜 수 없을 경우에는 어떻게 될까? 지렛대가 부서지거나 물건을 움직이지 못한다. 지구를 들 수는 있지만 그에 걸맞은 지렛대와 받침대가 없다는 말이 있다. 경영학에서도 타인의 자본을 과도하게 사용할 경우 경기가 어려울 때는 금리부담으로 인해 도산 위험이 높다. 따라서 지렛대 효과는 좋은 것이지만 한계를 고려하며 활용해야 한다.

디지털 경영환경에서 인터넷을 잘 활용하는 것도 지렛대 효과를 높일 수 있는 하나의 방법이다. 어떤 전문분야 사이트에 회원이 1,000명 있다고 하자. 내가 만든 콘텐츠 하나를 올리고 999개의 자료를 내려받을 수 있다면 처음 자신의 콘텐츠 파일 1개는 지렛대 역할을 하는 것이다. 물론 999명 회원이 동의한다는 가정하에 말이다.

다양한 프랜차이즈 사업들도 지렛대 방식을 적용한 것이다. 맥도날드의 레이 크록은 처음에 최적의 시스템을 개발했다. 그리고 똑같은 품질과 서비스를 제공할 수 있도록 가맹점 운영자들을 완벽하게 교육했다. 그렇게 해서 맥도날드 체인망을 전 세계적으로 확대시킨 것이다. 피자헛, 버거킹 같은 각종 패밀리 레스토랑도 마찬가지 원리다. 최초의 시스템이 지렛대로 작용한 것이다.

그런데 지렛대 효과에는 지렛대로 사용될 수 있는 자기자본, 즉 종잣돈(seed money)이 필요하다. 종잣돈은 단순한 화폐가치의 크기에만 국한되지 않고 점점 여러 무형의 자산이 중요시되고 있다. 신용이나 경영, 창의력과 정보력 그리고 투자전략 등. 따라서 지렛대 효과를 누리기 위해서는 유형과 무형의 자산을 모두 고려해서 종잣돈을 만들고 지렛대를 만드는 것이 필요하다.

무형의 자산을 확보해서 현재 지렛대 효과를 톡톡히 누리고 있는 친구의 예를 보면 다음과 같다. 대학 친구 한 명이 국내에서 사업을 하다가 사업 확장을 위해 몇 년 전에 중국으로 떠났다. 하지만 그에게 중국은 낯설었다. 돈을 벌 수 있는 시스템을 알지 못했기 때문에 고생한다는 소식이 가끔 들려왔다. 한국공인회계사와 미국공인회계사 자격증을 가지고 있었던 그는 1년 이상 무보수로 남의 일을 도왔다. 단지 숙식과 운전기사만 제공받으면서 외국인들의 사업과 관련된 일을 도와주었다.

비록 그는 월급을 받지 못하면서 무보수로 일했지만, 대규모의 컨설팅 기관이나 중국 기업에서 의외로 많은 것을 얻을 수 있었다. 중국에 진출하는 한국 기업과 외국인 기업의 회계에 관련된 일을 해주면서 중국어는 물론 업무시스템과 노하우를 익혔다. 그리고 그동안 쌓아놓은 노하우와 경력, 중국어 실력 등은 무형의 자산이 되었다. 이를 바탕으로 중국에 진출한 해외 유수한 기업을 대상으로 컨설팅 계약을 체결하면서 2차적 이익을 냈다. 또 다른 한편으로는 업무시스템과 실무 사례를 책으로 펴내기도 했다.

빌 게이츠와 더불어 세계 최고 부자의 타이틀을 다투는 세계적인 주식 투자가 워렌 버핏. 그는 무보수로 일하면서 스승에게 투자전략을 배웠다. 그렇게 해서 쌓은 무형의 자산인 투자전략을 지렛대로 삼아 세계적인 부(富)를 축적한 것이다.

워렌 버핏도 처음부터 주식투자를 잘한 것은 아니었다. 그도 처음에는 대다수의 주식시장 참여자들처럼 스스로 차트를 만들고 그래프를 만들었다. 그렇게 자신이 분석한 것을 토대로 투자하였지만 돈을 벌지는 못했다. 그 후 그는 벤저민 그레이엄이 쓴 ≪현명한 투자≫를 읽고 감명을 받아 벤저민 그레이엄이 있는 컬럼비아 경영대학원으로 들어간다.

워렌 버핏은 졸업 후, 고향인 오마하로 내려와서 증권회사에 근무했다. 투자 전략을 배우고 싶었던 그는 한 통의 편지를 띄운다. 벤저민 그레이엄의 투자회사 그레이엄 뉴먼에서 무보수라도 일하기를 원한다는 내용이었다. 그리고 그레이엄 뉴먼이 해산될 때까지 일하면서 스승으로부터 투자 전략을 배웠다.

워렌 버핏은 스승에게 '저가 주식을 매수해 안전마진을 확보하라'는 기본원칙을 배운다. 또한 '초우량 기업의 주식을 매수해서 장기간 보유하라'는 필립 피셔의 영향을 받는다. 그래서 '좋은 주식을 적절한 가격에 매수하여 장기간 보유하라'는 자신의 고유한 투자전략을 만들어낸다. 그리고 새롭게 개발한 자신의 투자전략에 충실해 세계 최고의 부자에 이름을 올렸다. 이제 기부금의 액수를 놓고 빌 게이츠와 자리를 다툴 정도로 부를 축적하였다.

지렛대 효과를 누리기 위한 가장 좋은 지렛대는 우수한 인력의 확보다. 최고의 성능을 지닌 기계를 들여오고 많은 자본을 투자한다고 기업이 운영되는 건 아니다. 공장에 기계를 작동시키는 방법을 아는 사람이 없다면 그 기계는 무용지물이 된다. 또한 아무리 많은 자본을 투자했을지라도 그 자본을 운용하지 못하면 이윤을 창출할 수 없다. 새로운 제품을 개발해낼 수 있는 창의적인 인력이 반드시 필요하다.

IMF 외환위기를 겪으면서 대기업들은 물론 많은 중소기업들이 무너졌다. 많은 흑자를 기록하고 있던 우량기업들도 광풍에 흔들리지 않을 수 없는 시대였다. 사람들은 급속하게 휴지조각으로 변하는 주식들을 보면서 마음이 바빠졌다. 그래서 옥석을 가리기도 전에 하루라도 빨리 주식을 팔아치우기에 바빴다. 기업들은 사업의 영역을 축소하고 움츠러들며 우수한 인력들을 구조조정이라는 명목하에 거리로 내몰았다. 청운의 꿈을 품고 대학에 들어갔던 많은 청년들이 대학 졸업과 함께 '백수'라는 꼬리표를 달았다.

그런데 끝이 없어 보이던 경제위기의 광풍이 잠잠해지자 광풍 속에서도 살아남아 급성장한 기업들이 나타났고, 침착하게 옥석을 가리며 헐값이 된 주식들을 사들인 해외투자자들은 많은 수익을 거뒀다.

불확실한 경계사회는 역사에 여러 번 있었다. 불확실한 경계사회에서 가장 큰 위력을 가진 지렛대는 창의력이 넘치는 우수한 인력들이다. 창의력의 지렛대를 갖춰라. 또한 기업은 창조적 잠재력을 최대한 끌어올려 발휘할 수 있도록 격려하는 시스템과 분위기를 조성해야 한다. 그렇게 하면 미래가치는 지금 무엇을 준비하고 있느냐에 따라 크게 성장할 것이다.

Chapter 5 자신의 시스템을 구축하라,

시스템 구축은 일상적이고 반복적인 노동보다 지식이 중요해지는 현상이다. 비노동에 대해 더 많은 수익이 발생된다.

사람이 그대를 속일지라도 우리는 삶의 현장에서 수많은 사람들을 만나게 되고 그들을 통해서 성공도 실패도 하게 된다. 그래서 효율적인 인맥관리를 도와주는 컴퓨터 데이터베이스 프로그램들이 시중에 출시되고 있을 정도다.

하지만 인맥은 관리하는 것이 아니라 진실한 만남을 전제로 자신이 그려가는 인맥지도여야 한다. 그렇게 본다면 정해진 시스템 내에서 남보다 경쟁에서 조금 더 잘하여 인정받는 삶도 중요하지만 시스템이 변하면 떠밀리는 삶보다는 새로운 조류를 읽으며 자신만의 새로운 시스템을 구축하는 것이다.

1. 자신을 위해서 타인에게 투자하라
2. 생존능력은 변화와 창조에 있다
3. 인식했다면 무의식에서 나와라
4. 자신만의 시스템을 구축하라

§01 자신을 위해서 타인에게 투자하라

삶의 어두운 길에서 내가 가는 길만 비추기보다는 누군가의 길을 비춰준다면 '삶의 질' 그 자체가 사회를 건강하게 만든다.

혹독하게 추운 겨울 네팔 지방의 산길, 눈보라를 헤치며 걸어가는 선다싱이라는 남자가 있었다. 그는 우연히 눈보라 속에서 낯선 사람을 만나 같이 가기로 했다. 함께 매서운 눈보라를 헤치며 걷고 있는데 노인 이 눈 위에 쓰러져 있었다. 선다싱은 동행자에게 말했다.

"이사람을 데리고 가야겠어요. 그냥 두면 죽고 말 겁니다."

그러자 동행자는 미친짓이라며 화를 내고 눈보라를 뚫고 먼저 가 버린다.

선다싱은 노인을 등에 업고 눈보라를 헤치며 다시 걸었다. 혼자 가기에도 벅찬 눈보라여서 노인을 업은 몸은 점점 무거워졌다.

그런데 어느 순간 조금씩 추위를 느끼지 않았다. 노인을 업고 가느라 힘이 들어 온몸에 땀이 났고 더위마져 느껴 마을로 내려오는 동안 전혀 추위를 느끼지 않고 무사히 도착할 수 있었다. 노인도 점점 의식을 회복했다.

그리고 마을로 들어서는 순간! 길목에 한 남자가 동사해 있었다. 그 사람은 다름 아닌 화를 내며 먼저 내려간 동행했던 사람이었다. 눈 위에서 추위와 굶주림을 견디지 못해 저체온으로 얼어 죽었던 것이다.

메다드 라즈의 ≪세상을 바꾸는 작은 관심≫의 일부내용이다.

자신에 대한 투자는 곧 자신과 타인에 대한 투자일 수 있다. 원석인 철광석 1톤은 제철소에서 강철로 만들어지고 그 강철은 여러 공정을 통해 생활용품, 자동차, 전자제품 등으로 변모하면서 그 값이 증대된다. 이렇게 생산과정에서 새로 만들어진 가치를 부가가치라고 한다. 이제는 부가가치의 개념이 물자보다 사람에게 더욱 중요하게 적용되는 사회다. 오늘날처럼 변화와 혁신이 급속도로 진행되는 사회에 적응하기 위해서는 자신의 부가가치를 높여야 한다. 한편으로 불안한 고용상태와 고령화사회에서 누구 할 것 없이 생존을 위해서 자기 계발이 지속적으로 요구되고 있다.

불확실한 경계사회의 핵심 키워드는 사회가 급속히 변화하는 급류 속에서의 '생존'이다. 변화는 언제나 있어 왔다. 또한 조그마한 변화들이 함께 결집해서 변화의 전체적 틀이 바뀌는 전환점이 존재해왔다.

그런데 변화의 전환점에서 국가 및 개인이 어떻게 대응했느냐에 따라 그 전환점은 곧 운명의 갈림길이 되었다. 불확실한 경계사회는 그 변화의 전체적인 틀이 바뀌는 전환점이다. 뿐만 아니라 전 세계적으로 변화가 진행되며 가속도로 이루어지고 있다.

IMF 외환위기와 다시금 불어닥치고 있는 경제위기는 개인의 라이프스타일을 일시에 바꿔 놓았다. 회사들은 생존하기 위해서 노동시장의 유연성을 내세우며 구조조정이라는 이름으로 많은 사람들을 해고했다. 불안한 고용상태인 비정규직의 채용을 선호하면서 평생직장의 개념은 사라졌다.

고령화사회로 접어들면서 노인들의 '일자리'에 대한 수요가 급증하고 있다. 세계보건통계에 따르면 2008년 한국인의 평균수명은 79.5세이다. 통계청이 밝힌 평균 퇴직연령은 53세인데, 퇴직을 하고 나서도 20~30년의 세월이 남아 있게 되었다. 물론 그 전에라도 조기퇴직이라든가 실직의 상태가 될 수 있다. 이러한 사회에서 노인들은 안정된 소득과 삶의 활력을 제공하는 일자리를 구하는 것이 소원처럼 되었다.

우리 삶의 패러다임은 급격한 변화를 겪고 있다. 아직 충분히 준비되지 않은 상태에서 진행되고 있는 일련의 변화들은 여러 문제점을 제기하고 있다. OECD 국가 중에서 자살률 1위라는 불명예까지 안고 있다. 변화에 적응하고 생존하기 위해서 적극적으로 자신에게 투자하고 구체적으로 자기 계발을 해야 한다. 이는 국가적인 차원에서는 물론 개인적인 차원에서도 필수적인 일이 되었다.

자신만의 노하우와 콘텐츠가 있으면, 불확실한 경계사회에서는 나이와 인맥, 학력을 초월한 새로운 기회가 제공될 수 있다. 자신만의 아이디어가 있다면 아웃소싱으로 많은 공정을 단축시킬 수 있다. 제품을 생산하고 온·오프라인을 통해 판매를 하는 1인 기업도 세울 수 있다. 부동산과 주식 그리고 펀드도 언제나 불안정한 상황에서 최고의 재테크는 타인을 위해 실력을 쌓는 자신에 대한 투자다. 여기서 막연히 자기 계발에 대한 강박관념을 가지기보다는 전략과 목표가 중요하다. 자신의 어느 부분에 대해 투자를 할 것인가? 실천하는 것이 중요하다. 몇 가지를 제안하면 다음과 같다.

자기 개발을 위한 비용을 확보하라!

사람마다 다르겠지만, 자신의 월급에서 어느 정도 투자할 것인지를 미리 계획하고 확보하는 것이 좋다. 우리나라는 자녀를 위한 사교육비 지출이 큰 비중을 차지하고 있다. 자녀들의 단기 어학연수를 비롯해서 해외 조기유학으로 인한 기러기 아빠들이 점점 많아지고 있다. 하지만 자녀들에 대한 투자에 비해서 상대적으로 부모 자신들의 투자에는 소홀했던 것이 사실이다. 그러나 이제는 자신을 돌아보고 자신에 대한 투자를 적극적으로 시작할 때가 되었다. 투자비용은 술 마시는 것, 오락비나 유흥비 및 의류비 등을 조금씩만 줄여도 가능하다. 아파트 관리비나 자동차 관리비 등을 생각해본다면 자신에 대한 투자비용이 결코 큰 것은 아니다.

건강에 대하여 시간과 비용을 투자하라!

자신의 건강보다는 자동차 건강에 더 열심인 사람들을 많이 본다. 자동차 보험을 들고, 주행거리를 살피며 오일을 교환하고 틈틈이 세차를 하는 건 기본이고 조금만 이상한 소리가 들려도 정비소로 간다. 자동차 관리를 하지 말라는 것이 아니다. 다만 자동차 관리를 하는 것만큼 자신의 건강에 대해서도 관리를 하고 있는지 돌이켜보라는 말이다. 적어도 1주일에 한두 번은 운동을 하며, 건강에 좋은 식습관을 가져야 한다. 폭식이나 폭음을 피하고 건강에 좋은 과일과 채소를 충분히 섭취하는 게 좋다. 또한 적절한 휴식도 필요하다.

전문분야 및 문화에 관한 지식을 쌓아라!

자신의 전문분야에 관련된 지식뿐만 아니라, 전반적인 문화의 흐름과 관련된 지식을 쌓는 것이 좋다. 이제 이성의 시대는 가고 감성의 시대가 되었다. 다른 사람을 감동시킬 수 있으려면 문화의 흐름을 알고 그 밑바탕에 깔려 있는 정서를 읽을 수 있어야 한다. 다양한 문화를 이해할 수 있으면 사고의 유연성과 함께 창의력도 증대될 것이다.

함께 일하는 능력을 키워라!

일방적인 지시에 따라 부하직원들이 움직이기를 기대하는 상사는 바람직하지 않다. 그들의 경험과 생각을 존중해주며 함께 일하는 능력 또한 중요시하라. 한 번 쌓아진 지식과 정보가 변함없이 중요하게 여겨지던 때는 지나갔다. 현 사회는 매일같이 정보가 홍수처럼 쏟아진다. 어떤 것이 중요한 정보이며 어떻게 그것을 핵심자원으로 활용할 수 있는지가 관건이 되었다. 문제 해결 또한 혼자보다는 여러 명이 모여 함게 풀어나가도록 한다. 여러 사람의 경험과 지식, 노하우가 결합하여 시너지 효과를 내서 문제해결 능력이 훨씬 증대되기 때문이다. 자신의 전문분야를 확보한 사람들과 함께 일하면 그들의 일하는 능력을 배울 수 있다. 경험과 지식 및 능력은 몇 배로 확대되고 제 목소리를 잃지 않음은 물론 더욱 당당하게 된다.

더불어 사는 삶을 누려라!

가족이나 친구와의 시간을 소중히 하는 한편 적어도 한 달에 한 번 정도는 자원봉사를 하라. 복지센터나 양로원 등 자신의 도움을 필요로 하는 사람들을 돌보며 더불어 사는 삶의 영역을 넓히는 것이 좋다. 더불어 사는 방법을 배우면 훨씬 넉넉하고 여유 있는 마음을 지니게 된다. 창의적인 생각과 정신건강은 여유 있는 마음에서 출발한다. 더불어 사는 삶은 다른 한편으로 자신에 대한 투자가 될 것이다.

'강한 자가 살아남는 것이 아니라, 살아남는 자가 강한 자'라는 말이 있다. 그런데 불확실한 경계사회에서 이 말은 '변화의 흐름을 읽는 자가 살아남고, 살아남는 자는 자신을 변화시킨 자!'라는 말로 바뀌어야 할 것 같다. 시대의 흐름에 적절하게 자신을 변화시키며 부가가치를 높이는 전략이 그 어느 때보다도 필요한 시대다.

§02 생존능력은 변화와 창조에 있다.

인간의 시각, 청각, 후각의 기능은 짐승보다 우월하지 못하다. 붉은 머리독수리의 시력은 6.0으로 들쥐를 발견하면 시속 320Km의 속도로 날아가 낚아챈다. 창공에서는 고도 5,000m를 넘나들고, 에너지 재충전도 없이 한번에 6,400Km를 날 수 있다.

만약 우리의 시각이 붉은머리독수리처럼 멀리 있는 것과 미세한 것까지 본다면 어떤 현상이 나타날까? 보지 말아야 할 것들을 보게 되면 제정신으로 살기 어려울지 모른다. 가령 반가운 사람을 만났을 때도 손이 더러워서 악수를 하기 싫을 것이다. 무언가 물건을 잡을 때도 더러워서 손을 대는 것조차 꺼려하게 될 것이다. 사랑하는 사람의 얼굴에 박테리아나 바이러스가 우글거리는 모습을 똑바로 바라볼 상대가 있을까?

　조물주는 인간의 눈도 환경 변화에 잘 적응할 수 있도록 설계했다. 때로는 타인과 비교해서 자신에게 조금 부족하고 불편한 것들이 있을 수 있다. 그러나 그 이상의 좋은 생존조건에 살기 때문에 감사해야 한다. 세상에 보이는 모습인 형체나 색깔만이 전부는 아니다. 세상에는 우리 눈에 보이지 않는 모습과 색들이 존재한다.

　가시광선은 사람의 눈에 보이는 전자기파 영역이다. 개인별로 가시광선 범위의 차이가 존재하지만 보통 인간의 눈은 400에서 700nm까지의 범위를 감지한다. 최대 380에서 780nm까지를 감지하는 사람도 있다고 한다. 세상에 존재하는 수많은 색에서 가시광선을 빼낸다면 그 외 색은 인간의 눈으로는 바라볼 수 없는 색들이다. 다만 특별한 실험으로는 대낮에도 눈에 보이지 않는 색의 관찰이 가능하다. 예로 프리즘을 통과한 하얀 빛은 여러 가지 빛깔로 나뉜다. 벌과 같은 곤충은 꿀을 가지고 있는 꽃을 찾는 데 유용한 자외선을 볼 수 있다.

　청각에 있어서 인간의 귀는 초음파를 탐지하지 못한다. 박쥐처럼 초음파를 들을 수 있는 청각이 발달한다면 시끄러워서 살지 못할 것이다. 집구석에 아주 작은 바퀴벌레가 기어 다니는 소리를 들어야 한다면 그 소리 때문에 불면증에 시달릴 것이다. 인간에게는 가청주파수가 있는데 사람의 귀로 들을 수 있는 음파의 주파수를 말한다. 사람에 따라 또는 음의 크기에 따라 다르지만 보통 20Hz~20kHz로 알려져 있다. 만일 청력이 좋아서 지구가 자전하며 돌아가는 소리가 들린다면 고막이 터지거나 미쳐버릴지도 모른다. 인간이 들을 수 있는 한계 범주가 가청주파수다. 어떤 소리도 그 이하도 이상도 듣기 어렵게 설계되어 있다.

개는 특별히 후각이 발달되어 있다. 인간 후각의 약 1,000~10,000배 이상 발달되었다는 보고가 있다. 개의 뛰어난 후각을 이용해 사람의 몸에서 암을 조기에 진단할 수 있다는 미국의 파인스트리트연구소 발표 사례도 있다. 인간의 후각이 개처럼 발달했다면 주변의 재질에서 나오는 모든 냄새 때문에 생활에 많은 불편을 겪을 것이다.

세월이 아무리 흘렀어도 짐승들의 행동패턴은 그대로다. 하지만 인간은 두뇌작용으로 인한 사고의 유연성으로 인간의 패턴에서 고정관념을 뛰어넘는 창조적인 사고력을 갖추게 되었다. 독수리의 시력과는 비교가 되지 않을 정도의 시력을 갖고 있다. 인공위성에서 구름을 뚫고 지상 10cm의 물체까지도 확인할 수 있는 정도가 되었으니 말이다. 속도는 전투기나 우주선을 통해 초음속으로 창공을 비행하고 있다. 청각 또한 바닷속 미세한 진동까지도 잡아내는 레이더가 있을 정도로 발달되었다. 눈에 보이지 않는 나노입자로 냄새마다 특성이 있는 알갱이를 찾을 수 있다. 이는 냄새 알갱이를 정확히 구분할 수 있는 특수 전자현미경 덕분이다.

인간은 반복적이고 시간을 많이 요하는 육체노동으로 세상을 변화시킨 것이 아니다. 인간이 지닌 지적능력을 서로가 공유하면서 창조적 사고력으로 인류문명을 발전시켰다. 그렇다면 '창조적 인재 육성'이

시급한 당면 과제다.

창조적 인재란 어떻게 키워지고 있을까?

가령 미국 초등학생 16명에게 벽돌의 용도를 물었더니 화분받침대, 종이 누르기, 강도 잡기, 못 박기 등 150여 가지의 다양하고 기발한 해답들이 나왔다. 미국사회의 교육은 유치원 시절부터 이미 사고의 유연성을 키우기 위한 교육을 한다. 정답을 가르쳐주기보다는 교사와 함께하는 참여적 실험과 연구, 토론 문화에 익숙하도록 훈련시킨다. 이러한 교육을 통해 학생들은 다양하고 유연한 사고를 할 수 있는 능력을 키우며, 변화를 주도했을 것으로 본다.

한편 우리나라 대학생들은 어떨까 하는 생각이 들어 수업시간에 대학생들에게 벽돌의 용도에 대해 물어보았다. 그 결과 한결같이 '집 짓는 데 또는 건물 올리는 데 사용한다'라는 교과서적인 정답만을 내놓았다. 물론 초등학생들과 대학생들을 비교한다는 것은 차이가 있지만 우리나라 대학생들이 주어진 정답에 치중하여 사고하는 모습을 발견할 수 있었다.

인간의 창의적 능력은 역사를 발전시키는 데 큰 기여를 해왔다. 불확실한 경계사회는 이전과 비교할 수 없을 정도로 창의력의 비중이 높아졌다. 사고의 유연성을 갖추는 것도 필수가 되었다. 산업사회에서는 개개인의 두뇌 속에 있는 지식이 부가가치를 창출하는 데 상당한 기여를 했다. 하지만 지금은 사람의 기억에 존재하는 대부분의 지식들을 컴퓨터와 인터넷을 통하면 누구든지 접할 수 있다. 때문에 예전에 비해 더욱 더 차별화된 정보와 기술력이 요구되고 있다. 창의적 제품과 보다 나은 서비스를 제공하지 못하면 경쟁력을 유지할 수 없는 시대인 것이다.

지식정보화사회는 지식과 정보가 빠른 속도로 유통된다. 신제품을 생산해서 내놓을 경우, 경쟁기업들이 제품 하나를 뜯어보기만 해도 손쉽게 유사한 제품들을 무수히 만들어낼 수 있다. 일본에서는 DVD, 디지털 카메라, 박형薄型 TV 등 신제품을 개발한 기업들 대부분이 후발기업들의 과당 경쟁에 휘말렸다고 한다.

유사한 성능과 품질을 가진 제품을 경쟁기업들도 얼마든지 낮은 원가로 만들어낼 수 있다. 그러면 이제 경쟁력의 관건은 무엇일까?

경쟁기업들이 손쉽게 모방할 수 없는 분야를 계속해서 다양하게 확보하는 것이다. 쉽게 접근하기 어려운 자체 기술력의 축적과 정보능력, 기업 고유의 가치와 이미지 등을 차별화해서 전달하고 고객들의 필요를 간파하라. 또한 그들의 선택을 유도할 수 있는 서비스 제공도 필요하다.

그런 의미에서 현대차의 전략은 충분히 주목할 만하다. 1987년 현대는 미국시장에 처음으로 진출하였다. 5,000달러도 안 되는 낮은 가격으로 엑셀을 내놓으며 돌풍을 일으켰다. 그러나 곧이어 잦은 고장으로 인해 내구성 논란에 직면했다. 이에 '품질경영'을 내세우며 당시로서는 파격적인 '10년 10만 마일 보증 프로그램'을 도입했다. 10년 혹은 10만 마일 무료 서비스를 제공해준다는 내용이었다. 당시 대부분의 다른 자동차 회사들은 3년에 4만 마일 정도의 사후서비스를 제공했다. 현대의 이러한 전략은 대성공을 거두면서 현대의 품질과 브랜드 이미지를 정상화시켰다.

또한 현대는 세계적인 금융위기를 맞아 소비자들의 소비 심리가 꽁꽁 얼어붙은 미국시장에서도 마케팅을 펼치고 있다. 현대 어슈어런스Hyundai Assurance 프로그램으로 소비자들의 심리를 겨냥한 공격적인 마케팅 전략이다. 이 프로그램은 차를 사고 나서 1년 내에 실직하면 회사가 차를 다시 사 주는 제도다. 만약에 있을지도 모르는 실직에 대비해 소비자들의 심리를 안정시키는 역할을 하면서 그들의 지갑을 열도록 했다. 금융위기의 직격탄을 맞아 모든 브랜드의 자동차 판매가 급감하는 미국. 그러한 상황에서 현대차만이 판매신장률을 높이면서 시장점유율을 경이적으로 끌어올리고 있다.

단순히 제품만 값싸고 튼튼하게 잘 만들면 되는 시대는 지나갔다. 제품을 튼튼하게 잘 만드는 것은 대부분의 경쟁기업들도 얼마든지 해낼 수 있다. '같은 값이면 다홍치마'라는 우리나라 속담이 있다. 유사한 품질의 제품이라면 고객들의 심리까지 어루만질 수 있는 다양하고 참신한 아이디어가 필요하다. 다른 기업들이 쉽게 모방할 수 없는 차별화된 서비스와 품질, 디자인이 그것이다. 기업의 브랜드와 가치로 새로운 부가가치를 창출할 수 있을 때 Best One이 아니라 Only One이 되어 초월적 경쟁력을 가지게 된다.

그야말로 그 어느 때보다도 참신한 아이디어, 유연한 사고력 및 창의성 등이 각광받는 시대다. 또한 다양한 아이디어들은 등기과정을 통해 지적재산권으로서 보호 받을 수 있는 법적 보호장치가 확대되고 있다. 지적재산권이 될 수 있는 다양한 아이디어는 누구에게나 열려 있다.

남녀노소 및 학벌과 관계없이 수많은 아이디어가 매일 생겨나고, 때와 장소를 가리지 않고 모든 사람들의 주변에서 서성이고 있다. 다른 사람들보다 먼저 그러한 아이디어를 발견해서 자기 것으로 만들어야 한다. 그러기 위해서는 고정관념의 틀에서 벗어나 스스로 유연하게 사고하는 습관이 필요하다.

우리나라에서 한때 크게 흥행한 영화 '왕의 남자'가 있다. 연산군일기에 단 한 줄 거론되었을 뿐인 내용과 '공길'이라는 광대의 이름. 이것이 시대적 배경과 함께 작가적 상상력이 더해져서 새로운 콘텐츠를 만들어냈고, 한국 영화사에 엄청난 부가가치를 가져다주었다.

5천 년의 문화와 역사를 가지고 있는 우리나라. 그 안에는 다양하고 참신한 콘텐츠가 될 수 있는 수많은 자료들과 무형의 자산들이 널려 있다. 그것을 발견할 수 있는 안목을 기르고, 새로운 콘텐츠를 만들어낼 수 있는 창의성과 상상력이 필요하다. 산업사회가 제공해왔던 사고의 틀을 벗어나서 유연한 사고를 갖는 것이 무엇보다 중요하다.

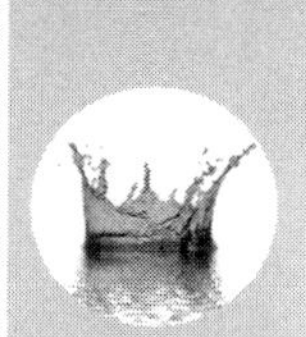

§03 인식하면 무의식에서 **탈출하라**

소비는 무의식 속에서 과거의 소득에도 일정 부문 영향을 받고 있기 때문에, 소비자의 소비지출수준은 소득처럼 변동하는 것이 아니라 상당히 안정성을 가지고 있다. 그래서 경기가 후퇴하여도 쉽사리 감퇴되지 않는다. 개인적으로 소득이 줄더라도 일정 기간 동안은 소비가 쉽사리 줄지 않는 행동패턴으로 나타난다. 경제학에서 소비가 경기후퇴를 억제하는 일종의 톱니작용 같아서 톱니효과(Ratchet Effect)라 부른다.

우리의 삶속에는 알게 모르게 톱니효과가 존재하며 자신을 업그레이드하기 위해서 평생 학습을 한다. 학습했어도 무의식이라는 거대한 뇌의 기억 호수에 잠겨버리면 내 것은 아니다. 인식한 것만이 내 것이다. 학습한 내용들이 무의식 속에 잠겨버리면 호수 속에 잠겨 있는 물건과 같다. 아무리 귀한 물건도 필요할 때 곧바로 꺼내어 사용하기 어렵다. 평소 인식하고 있어야 곧바로 활용이 가능한 것이 인식의 문제다. 예로 공부의 중요성을 인식한다면 틈만 나면 공부하겠지만 무의식 속에서 공부해야지 생각만 하다보면 미루다가 결국은 때를 놓쳐서 활용할 수 있는 좋은 기회마저 놓쳐버린다.

반면에 적절한 기회에 타이밍을 놓치지 않고 뒤지지 않는 노력으로 사회에 나가 훌륭한 역할과 업적으로 탁월한 성과를 냈어도 무의식 속에 자리를 잡고 있는 자본주의 사회에서 물질적 탐욕을 극복하지 못하여 한방에 쌓은 자신의 업적이 무너져 내리는 경우를 쉽게 뉴스를 통해 접하곤 한다.

물질만능사회에서 각 기업이나 공조직이 갖추어야 할 필요한 덕목은 두레정신이다. 두레는 소농경영小農經營의 어려움을 극복하기 위한 공동 노동으로서의 진취성과 농민들의 자주적 성격이 매우 강한 긍정적인 조직이다. 두레의 상부상조 전통은 아름다운 미풍양속이다. 그러나 도시화·산업화에 의해 농민인구의 급격한 감소는 두레라는 공동체 의식의 약화로 나타나고 대신에 학연·지연, 집단이기주의가 기승을 부리고 있는 것이다.

대안은 무의식 속에 자리를 잡고 있는 배금주의 사상인 눈앞의 이익 앞에서도 철저히 공公과 사私를 구분하며 탐욕적 이기심을 극복할수 있는 두레정신이다. 대한민국이 보다 건강한 사회로 발전하며 공동체 문화를 가꾸어 가는데 참조할수 있는 좋은 사례다. 이것은 학술적 과거이론이 아니라 현실에서 잠재의식적으로 알고 있는 것으로 눈앞의 작은 이익을 포기하고 배려하는 행동으로 나타날 때 우리 사회는 보다 건강한 모습으로 변모한다. 작은 나 하나로부터 시작이다.

어린 시절 기억에서 지우고 싶은 나쁜 기억을 가지고 있다면 환경이 변해도 좋은 기억으로 바꾸기가 쉽지 않다. 그렇다면 언제나 지금이라는 현실에서 행복한 모습을 그리며 자신이 처해 있는 환경을 긍정적으로 해석하며 받아들이려고 노력해야 한다.

인식하는 방법에서는 다를 수 있지만 동물도 처음에 태어나면서 어머니가 누구인지, 어떻게 반응하고 살아가야 하는지 후각이나 청각 또는 형태 등 다양한 방법으로 학습을 통해 생존방법을 인식한다. 다만 생존조건에 최적을 선택한 것만이 자연의 법칙에서 생존율을 높이는 데 유리하다.

사실 인간에게 성공을 위한 실패는 없다. 실패는 포기할 때만 존재한다. 포기를 하지 않으면 실패가 아니라 성공을 위한 실험이고 실험 과정에서 시행착오만 있을 수 있다. 실험과 시행착오를 두려워하는 인간은 리더가 될 수는 있지만 본질적으로는 진정한 리더가 아니다. 눈에 보이는 껍데기인 무늬만 리더다. 위기가 닥쳐오면 시행착오를 겪더라도 재도전하려는 의지는 온데간데없고 곧바로 포기해버리는, 무의식 속에서 편안함을 선택하는 습관이 있다. 그래서 유능한 리더는 말보다는 실천이 앞선다.

〈포춘〉지에서 다음과 같은 글을 실은 적 있다.

"실패하는 리더의 70%는 단 하나의 치명적인 약점을 가지고 있는데 그것은 바로 실행력의 부족이다. 미국 경영자의 95%가 옳은 말을 하고, 그 중에 5%만이 실천에 옮긴다. 입이나 펜으로 전할 수 있는 단어 중에서 가장 슬픈 것은 '할 수도 있었는데…'라는 말이다."

기업을 혁신시키고, 현재의 난관을 타개하며, 주어진 한계상황을 넘어서서 비상하는 길을 제시한 수많은 아이디어들은 실천에 옮겨졌을 때에야 비로소 찬란한 빛을 발한다. 머리에만 머물렀던 아이디어들, 대화에서 안주처럼 등장했다가 흔적도 없이 사라지는 아이디어들이 얼마나 많은가? 다양한 아이디어들이 삶과 환경을 변화시키고 발전하게 하는 것은 실천에 옮겨져 생명력을 가질 때다.

자신의 아이디어가 사고의 벽장 속에 머무르지 않고 현실로 걸어 나오게 해야 한다. 그러기 위해서는 먼저 메모하는 습관을 들이자. 인간은 컴퓨터와 달리 망각의 존재기 때문이다.

독일의 헤르만 에빙하우스(1855-1909)는 16년에 걸쳐서 인간의 망각에 대한 실험을 했다. 그 결과 인간은 기억한 내용에 대하여 1시간 안에 약 절반을 잊어버리고, 하루에 약 70%, 1개월 후에는 약 80% 정도를 잊어버린다고 한다. 따라서 아무리 좋은 아이디어라 할지라도 그대로 두면 꼭 필요할 때 생각해내지 못할 수 있다.

아이디어를 기록하는 방법은 다양하다. 수첩과 펜을 준비해서 가방에 넣어두었다가 아이디어가 떠오르는 즉시 기록을 한다. 또한 휴대 전화의 메모 기능을 활용해서 기록하는 방법도 있다. 항상 필기구를 준비해놓고 잠자기 전이나 깨어나서 떠오르는 아이디어들도 놓치지 않고 기록한다.

이렇게 확보된 메모들은 컴퓨터에 '아이디어 뱅크' 폴더를 만들어놓고 종류별로 파일을 만들어 일주일에 한 번 날짜를 정해 옮겨서 기록해놓는 것이 좋다. 옮겨서 기록함으로써 분실의 위험을 줄이고 한 번 더 생각할 수 있는 기회를 제공한다. 인간의 두뇌는 컴퓨터처럼 단순하게 지식을 저장하는 시스템이 아니다. 메모의 내용들을 옮겨 기록하는 과정에서 그 아이디어에 대한 재평가가 이루어지기도 하며 새로운 아이디어가 추가적으로 떠오르기도 한다.

메모하고 기억하고 재검토하는 것이 중요한 또 하나의 이유는 이렇게 함으로써 사고의 능력이 보다 개발되기 때문이다. 인간의 두뇌는 나이를 먹으면서 쇠퇴하는 것이 아니라, 근육처럼 사용하면 사용할수록 발달한다.

컴퓨터는 저장능력은 탁월할지라도 인간이 만들어놓은 프로그램에 따라 움직일 뿐이다. 인간은 프로그램에 따라 기계적으로 움직이지 않고, 기존의 지식과 정보를 활용해서 제3의 지식과 정보를 만들어낸다. 이러한 점에서 컴퓨터와 차별화된다. 인간의 두뇌가 나이를 먹음에 따라 쇠퇴하도록 내버려둘 것인가 아니면 발달시킬 것인가는 본인의 선택과 노력에 달려 있다.

메모하고 재검토한 후에, 무엇을 선택하고 언제 어떻게 실천할 것인가? 이는 아이디어들의 종류와 중요성, 시기의 급박성에 따라 달라질 것이다. 하나의 아이디어를 실천으로 옮기는 과정에서는 관련된 정보와 자료를 최대한 확보하는 집중적인 노력이 필요하다. 같은 아이디어라면 성공과 실패의 갈림길은 실천력에 따라 달라진다. 맥주, 콜라, 사이다 등의 탄산음료수에 많이 사용되는 병뚜껑은 왕관모양으로 생겼다. 전 세계적으로 가장 많이 사용되고 있는 이 병뚜껑은 미국의 윌리엄 페인터^{William Painter}가 창안한 것이다. 그런데 그는 왕관 모양의 병뚜껑을 만들어내기까지 5년에 걸쳐 3,000여 개에 달하는 병뚜껑을 모아 연구하였다.

경우에 따라 다소간의 차이가 있겠지만 에디슨이 말한 '1%의 영감과 99%의 노력'을 달리 표현한다면, "아이디어의 비중이 1%고 노력의 비중이 99%"라는 말이 될 것이다.

윌리엄 페인터는 소다수 1병을 마셨다가 배탈을 앓고 나서 병뚜껑이 제대로 닫혀 있지 않아 소다수가 상했음을 알았다. 그러나 유리병을 완벽하게 밀봉할 수 있는 병뚜껑을 만들어내기는 쉽지 않았다. 지금처럼 완성된 왕관 모양의 병뚜껑으로 모습을 드러낸 것은 무려 5년의 세월에 걸쳐 끈질기게 노력한 결과였다.

메모하고 기억하며 실천하는 능력은 정보와 지식의 지렛대로 활용된다. 지식 정보화 사회에서 지식과 정보의 유통기한은 급속도로 짧아지고 있다. 현재 지구촌의 과학 및 공학 분야 지식의 50%는 93년 이후에 생성된 것이라고 한다. 오늘 필요했던 정보와 기술이 내일이면 쓰레기통으로 들어가게 된다. 물론 단순하게 기록을 위한 기억이라면 컴퓨터의 기능을 활용하는 것이 좋다. 그러나 컴퓨터와 인터넷을 통해 정보와 지식을 어떻게 습득하고 재해석하는가의 능력은 개개인의 역량에 따라 달라진다. 일반적으로 개인의 역량은 기본적인 지식과 기억을 바탕에 둔다. 때문에 정보와 지식이 홍수처럼 쏟아지는 현재에 있어서도 여전히 두뇌에서 인식하여 순간적으로 적어놓은 메모마저도 중요한 단서가 된다. 미래를 준비하려면 불확실한 경계사회에서 강한 체력과 정신력 그리고 종잣돈을 키워가며 지금 준비해야 한다. 물론 실패를 포함한 시행착오가 없는 것보다는 시행착오도 미래를 위한 준비의 필수 요소임을 잊지 말자. 시행착오 없는 성과의 열매는 없다.

흰머리독수리는 자신의 새끼를 강하게 키우려고 어느 정도 먹이를 먹고 자라게 되면 새끼를 절벽 아래로 힘껏 밀어낸다. 하지만 날개가 약해서 날지를 못하고 절벽 낭떠러지 아래로 구른다. 살기 위해 날개를 퍼덕거려 보지만 새끼 독수리는 그 과정에서 가슴이 상처투성이가 된다. 하늘을 날고 있는 독수리 중에 가슴에 상처 하나 없는 독수리가 어디 있겠는가.

성공한 사람치고 내면에 마음의 상처 하나 정도 없는 사람은 세상에 존재할 수 없다. 성공한 대부분의 사람은 마음의 상처를 잘 다스리면서 극복하는 과정에서 발효 숙성시키며 결국에는 전화위복轉禍爲福이 되어 독수리처럼 보다 넓은 세상을 바라보며 굳세고 강하게 살아가고 있다. 인생의 굴곡에서 역경지수가 높을수록 성공지수가 높을 수 있다. "실패는 성공의 어머니다"라는 명언을 되새겨 보면 그 의미를 안다.

자녀들을 진정 사랑한다면 안전함만을 가르쳐주는 것보다는 약간의 위험이 따르더라도 본인 스스로 미래를 개척하며 살아갈수 있는 모험심을 키워주는 것이 진정 자녀의 앞날을 열어주는 것이다.

마음에 상처가 없는 사람은 한 번도 어떤 것을 시도해보지 않은 사람이다. 주어진 환경에 안주하며 그 자리에서 맴돌다가 어떤 도전이라는 선택도 없이 인생을 끝맺는다. 병아리는 날개에 상처가 하나도 없다. 어미 닭 주변에서 하루 종일 놀면서 먹이만 먹는다. 하늘을 날지 않아도 주인이 주는 먹이를 엄마 닭과 함께 언제나 먹을 수 있기 때문이다. 병아리에서 성장한 닭은 날개가 있어도 평생 하늘을 날아볼 수 없다. 주어진 환경에 맴돌며 안주했기 때문이다.

닭은 밤에 쥐가 들어와서 앞니로 졸고 있는 닭의 똥구멍을 갉아먹고 있을 때는 시원하게 느낀다. 그러다 결국 꽁지가 파이고 창자가 바깥으로 튀어나와 죽는다. 지적수준이 낮은 사람을 닭대가리라고 하는 까닭이다. 짐승이든 사람이든 자연계에서는 상황을 인식하지 못하면 자신도 모르게 무의식 속에서 속수무책으로 당할 수밖에 없다.

TV 프로그램 '세상에 이런 일이'에 방송된 대목이다.

병아리가 부화되어 닭장 안에서 살고 있었다. 한밤중에 족제비나 삵과 같은 짐승들이 들어와 형제 병아리들을 물어뜯어 죽이고 먹어치웠다. 그 무시무시한 상황에서 겨우 살아난 병아리는 주인의 보살핌으로 성장하면서 하늘을 나는 연습을 꾸준히 한다. 이후 날개에 상처를 입으면서도 하늘을 나는 연습을 지속하다가 닭장 옆 담장을 올라가고 계속되는 훈련을 통해 담장 옆 커다란 나뭇가지로 올라간다. 나뭇가지에서 또 오르는 연습을 통해 나무 꼭대기 까치집에 알을 낳고 거기서 부화된 병아리들은 어미 닭을 따라서 하늘을 나는 연습을 계속하면서 더 이상 짐승에 물려 죽지 않는다. 매너리즘에 빠지지 않고 인식하면서 무의식에서 탈출하여 하늘을 나는 닭이 되었다.

무의식 속에 잠겨 있는 나의 잠재력은 무엇인가? 인식의 단계가 중요하다. 내가 어떤 시간과 공간에서 어떤 사람을 만나 무엇을 이야기하든지 관계없이 무엇을 인식하는 것이 중요하다.

미국의 전래동화에 나오는 이야기다. 추장이 늙어서 자리를 물려주기 위해 세 아들을 데리고 숲속으로 독수리 사냥을 나가게 되었다. 한참을 걸어가다 추장은 멀리 나뭇가지에 앉아 있는 독수리를 발견하였다. 추장은 가장 먼저 맏아들에게 물었다.

“저 앞에 무엇이 보이느냐?”

그러자 맏아들은 다음과 같이 대답했다.

“하늘이 보이고 나무가 보입니다.”

추장은 실망해서 둘째에게 다시 물어 보았다.

“저 앞에 무엇이 보이느냐?”

“나무가 보이고 나뭇가지에 앉은 독수리가 보입니다.”

추장은 역시 실망하고 막내에게 또 물어 보았다.

“저 앞에 무엇이 보이느냐?”

그러자 막내는 아버지인 추장에게 힘차게 대답하였다.

“독수리가 보이는데 두 날개가 있고 그 날개들이 마주치는 곳에 독수리 가슴이 보입니다.”

인디언 추장은 기쁜 목소리로 크게 외쳤다.

“그곳을 쏴라.”

그러자 막내아들의 화살이 독수리의 가슴을 명중시켰고 추장은 막내아들에게 자기의 자리를 물려주었다.

세상을 살아가며 하늘을 보거나 나무를 보거나 막연하게 독수리를 보는 것만으로는 독수리를 잡을 수 없다는 의미가 담겨 있다.

개인이나 조직도 ‘분명하고 구체적이고 확실한 목표’가 있을 때 성과를 가져올 수 있다. 분명한 목표가 없다는 것은 과녁 없이 화살을 당기는 것과 같다. 성과를 내려면 지식으로 머물러 있거나 말로 되는 구호가 아니라, 머릿속에 인식된 목표가 기회가 오면 행동으로 나타나는 준비된 실행력이 있어야 한다.

인식한 것만이 내 것이고 내 삶이다. 그렇지 않으면 눈에 보이는 화려한 불빛만을 쫓다가 삶을 마감하는 불나비처럼 영혼이 없는 껍데기 인생을 살다가 소중한 인생을 낭비하기 쉽다. 삶은 시간적 길이가 아니다. 진정한 삶은 ‘무엇을 깨달았는가?’ 하는 스스로의 질문에서 해답을 구하며 살아가는 시간의 질質에서 무의식은 사라지고 인식하는 단계의 삶이 지속되기 때문에 중요한 것이다.

§04 자신만의 시스템을 구축하라

　　과거에 부두 노동자 100명 이상이 5일에 걸쳐 하역작업을 하던 것을 컴퓨터 기술이 발전하면서 5명의 화이트컬러가 3시간 만에 해치울 수 있게 됐다. 2015년에는 전 세계적으로 화이트컬러 직종의 85%가 200달러짜리 컴퓨터 마이크로프로세서 칩 안으로 사라져버릴 것이라고 경영학자 톰 피터스는 경고했다. 현재와 미래의 변화에 한 가지 특징이 있다면 북극의 빙하가 소리 없이 녹고 있듯이 변화는 현재도 소리없이 진행되며 우리 가까이 다가오고 있다는 것이다.

　　지구촌사회에서 정신적으로나 물질적으로 비교적 여유롭고 부유하게 살아가려면 새로 만나게 되는 문명의 이기利器를 활용하면서 자신만의 시스템을 구축해야 한다.

공장의 제조공정과 회사나 조직에서 매뉴얼대로 일하는 업무가 지능을 갖추어가고 있는 첨단 문명사회에서는 장기 근로계약의 노동자가 되려거나 지식 근로자가 되려는 생각을 일찍 버려야 한다. 지금 우리가 살아가고 있는 지구촌사회에서는 국경 없는 문명이 가속도를 내기 시작했으므로 모든 환경이 바뀌는 주기도 짧지만 지식의 반감기 역시 점점 빨라지며 짧아지고 있기 때문이다.

따라서 어떤 사회에서 갑과 을의 관계에서 아니 수평적 관계에서도 협상을 위해 근로자를 설득하고 훈련시킬 수 있는 시간이 부족하다. 환경적 변화로 대체효과가 생기면 자신의 할 일이 갑자기 줄어들게 된다.

조직도 탄력성을 가지고 능동적으로 살아남기 위해서 어린아이들이 가지고 노는 장남감인 레고나 모듈 맞추기처럼 시스템 구축이나 해체도 동시에 빨라지고 있다. 여기서 말하는 시스템이란 내가 없어도 돌아가는 시스템을 말하는 것이지, 조직에서 말하는 상사의 지시에 잘 따르는 우수한 부하직원을 많이 두어 생산성을 높이는 것을 말하지는 않는다.

고객이 정보를 가지는 시대에서 고객에게 보다 편리한 서비스와 정보를 주는 시스템을 구축한다면 금융권의 ATM 단말기처럼 부가가치를 올리는 시스템 구축은 선택이 아니고 필요의 문제가 된다.

국내의 H대 모 교수는 미국 프라이스라인 역경매 시스템에서 비행기 항공료를 $1,000 → $99에 그리고 연계된 호텔 비용은 $500 →

$50에 이용했다. 극장에 조조할인이 있듯이 시스템은 지구를 하나의 통합된 시골 장터로 만들어놓았다. 내가 서 있는 지구 반대편에서 살아가는 사람들과도 인터넷을 통해 쌍방향으로 비즈니스 또는 사적인 이야기를 나눌 수 있다. 편안하게 안방에 앉아서 해외의 최신제품을 구입할 수도 있다. 이렇게 365일 평생 사용해도 정보통신 이용요금이 제로다. 그것은 통신표준이 세계표준이기 때문이다. 앞으로 통신사의 이해관계 충돌이 없어지면 무선 인터넷 단말기 이용요금도 무료일 것으로 예상된다.

미국에서는 이미 손안의 휴대전화 인터넷 이용요금이 무료다. 자신에게 꼭 필요한 콘텐츠를 구매하는 시대가 되고 있다. 세계 어디에 살거나 체류하고 있는 한국사람들이 자신의 돈을 세계 어느 국가에서든지 자유자제로 입·출금하고 부동산 등기부등본을 열람할 수 있는 젊은 디지털 유목민들이 대거 등장한 사실에서 알 수 있다. 시스템은 불편한 것에서 단서를 잡아 고객에게 편리함을 제공하는 곳으로 이동하면서 출발하기 때문이다.

시스템을 구축하기 전에 해야 할 일은 그것이 세상의 흐름에 편승하는가 아니면 뒤쳐지는 일인가 판단하는 것이다. 계산기였던 주판이나 한때 통신기기였던 시티폰이 휴대전화의 출시와 함께 사라진 것처럼 시대에 뒤쳐지는 일로는 고객의 마음을 얻기 어렵다.

고객에게 편안한 서비스와 편리함을 제공해야 한다. 고객의 특권은 언제든지 배신할 수 있다는 것이다. 고객이 더 이상 찾지 않는다면 아무리 품질 좋은 제품이나 서비스도 고객에게는 무의미하다. 시티폰 제조공장이나 전국의 수많은 대리점들은 고객의 외면으로 저마다 빚이 쌓이면서 가슴 아픈 상처를 안고 휴대전화 시장으로 전환하거나 아니면 예상치 못한 고객가치의 이동이라는 변수로 평균 수억의 빚을 떠안게 되었다.

시스템도 고객이 결정하여 변하고 있다. 은행에서는 창구에서 은행원이 아니라 ATM 단말기라는 기계가 돈을 세고, 번호표를 뽑는다. 이제 은행은 고객을 대면하는 민원창구에서 IT장치산업으로 바뀌면서 시스템이 도입되었다. 시스템은 어떠한 일련의 과정에서 고객에게 나타나는 효율성으로 그 가치를 따진다. 어떤 제품이나 서비스를 생산할 때 고객에게 얼마나 효율적으로 제공하느냐에 따라 그 성공 여부가 달려 있기 때문이다.

시스템은 롤 모델이 되어야 한다. 그래서 세상을 주도해야 한다. 커피자판기는 시스템이다. 동전을 투입구에 넣어야 하는데 너무 적으면 커피를 마실 수 없다. 적절하게 고객의 필요에 맞게 설계된 것이 시스템이다. 어떤 커피 자판기는 음성인식처리 기능이 있어서 밤 10시가 되어 커피를 뽑기 위해 자판기에 동전을 투입하면 “오늘은 늦으셨네요? 수고하셨습니다!”라는 말이 흘러나오는 감성 센서가 내장되어 고객에게 친근감을 주고 있다.

시스템은 기계가 아니다. 인간 조직이라면 본인 혼자의 힘으로 모든 것을 처리하지 않는다. 서로가 다른 역할을 맡고 있다. 자신의 시스템에서 고부가가치를 끌어올리기 위해 조직사회는 구성원들에게 적절히 권한을 위임해야 한다. 자신의 역할을 정확히 인지하여 책임감 전가가 일어나지 않도록 하는 것도 하나의 시스템이다.

세월이 흘러도 과거의 방식 그대로 물동이를 머리에 이고 나르는 일만을 계속하는 사람이 있다. 즉 지식은 많이 변했는데도 5년 전이나 10년 전이나 일하는 업무방식에 변화가 없는 부류의 사람들이다. 이러한 사람은 자기 계발 없이 과거의 지식에 멈춰 있는 것과 같다.

일상생활에서 물동이를 나를 것인가? 아니면 파이프라인을 구축하고 수도꼭지를 달아놓을 것인가? 후자와 같이 차별화된 시스템이 구축되면 부가가치를 높이고 경쟁력도 확보할 수 있다. 혼신의 열정, 땀, 시간, 비용을 들이는 역량 계발로 자신의 분야에서 시스템을 구축하라. 정신적, 물질적으로 보다 편안하게 살고 싶다면 말이다. 그러면서 급변하는 경제흐름의 파동을 주시하며 그것이 어떤 의미의 신호인지 전문가들에게 물어보아야 한다.

인생의 목적에서 돈을 벌고 싶다면 대중매체의 경제면을 눈여겨봐야 한다. 정치, 스포츠, 오락, 연예에만 관심을 두면서 생활한 사람치고 큰 부자를 아직 만나보지 못했다. 돈을 소비할 때는 경쟁자가 없다. 제대로 돈을 벌어보려고 노력하면 피눈물 흘릴 정도로 경쟁이 치열하다. 돈을 잘 벌수 있게 해준다는 말로 함부로 친절을 베푸는 사람치고 사기꾼이 아닌 사람이 없을 정도다. 그만큼 깨끗한 경쟁으로 돈을 번다는 것이 쉽지가 않다는 의미다.

국민 개개인이 뇌물과 같은 공짜로 잡히는 돈을 치욕적인 수치로 알아야 모든 기업들이 신바람날 수 있다. 인프라는 말로만 되는 것이 아니라 물리적인 인프라와 정신적 정서가 함께 포용될 때 외국인 인재와 투자가들이 몰려온다. 그때서야 진정한 부자들이 많아지고 존경받는 부자가 많아질수록 선진강국이 될 수 있다. 사상이나 이념이 아무리 좋아도 배고픈 국민의 숫자가 많아진다면 사상이나 이념을 구현할 수 있는 정신적 여유가 없어서 진정한 선진국으로 가는 길은 멀어져간다. 개인도 마찬가지다.

재테크 제1조는 "모르면 가만있어라"다. 가만히 있으면 중간이나 간다. 약간 배웠다고 투자하다가 있는 재산 다 날리는 경우가 우리주변에는 너무 많다. 불규칙한 흐름을 타고 있는 글로벌 경기변동에서는 개방화된 사회에서 세계적 경제흐름을 제대로 분석해서 파악하지 못하면 과거보다 기회를 잡기가 더 어려워졌다.

〈개미와 배짱이〉 우화에서 개미가 뜨거운 여름에 부지런히 일하면 추운 겨울이 찾아와도 창고에 쌓은 식량으로 별 어려움 없이 겨울을 지내며 살아가는 모습을 그렸지만 글로벌 경제환경에서는 상황이 바뀌었다. 그동안 경제를 발전시킨 근로자들이 설 땅이 점점 좁아지고 있다. 관세장벽이 무너지고 있는 글로벌환경에서 경쟁력확보를 위해 낮은 인건비가 통하는 저개발국가로 공장을 옮겨갔기 때문이다.

그래서 요즈음 선진국의 트랜드는 과거에 비해 크게 다른 모습으로 바뀌었다. 악기를 잘 다루는 배짱이처럼 다른 사람에게 재미와 즐거움을 제공하면서 탁월한 재능이 있는 사람이 우대받는 세상이 되었다. 새로운 조류는 개미에게 식량을 빌리러 가는 과거의 배짱이가 아니라 변화와 창조의 시대에는 새로운 콘텐츠를 만들어내며 다양한 직업이 창출되고 분화되는 시대를 살아가는 오늘날 차별화된 전문가로 생산성을 높이는 것이 부가가치를 높인다. 젊은 세대는 급감하고 노인 연령의 증가로 초고령화 사회로 편입되면서 자녀세대는 고용불안으로 인해 힘들어하고 그래서 자녀에게 효도 받는 사회가 아니니 외로워서 자살하는 고령인구도 증가하고 있다. 그래서 냉소적인 유머인지 모른다. 열심히 일하는 개미의 주소는 '허리도 가늘군 기대면 부서지리', 노인의 주소는 '살기도 괴롭군 자살하면 끝나리'니 말이다.

세계가 급속한 교통수단과 물류의 발전으로 물리적으로 좁아지면서 글로벌화되고 있는 불가역적인 트랜드 앞에서 젊은이나 노인층 모두가 이제는 기존의 시스템에 매달리기보다는 생존을 위한 자신만의 차별화된 시스템을 구축해야 한다는 뼈아픈 교훈이 담겨 있다.

Chapter 6 풍파에 시달린 소나무를 보라,

꿈은 두 가지가 있다. 어둠 속에서 잠을 자며 꾸는 꿈과 미래를 준비하면서 꾸는 희망이라는 꿈이다. 주변에는 지치고 좌절하여 포기라는 어둠의 긴 터널을 지나는 사람들이 있다. 그런가 하면 어느 순간에도 꿈을 간직하고 희망의 끈을 놓지 않는 사람들이 있다. 어둠 속에서 절망하지 않고 꿈을 꾸는 사람들을 통해서 사회는 발전해왔다. 우리 민족은 늘 꿈을 꿔왔고 그것은 오늘의 우리를 있게 한 위대한 힘이다. 성경은 '꿈(vision)이 없는 백성은 멸망한다'고 말한다.

§01 절망의 골짜기에서 일어서라

초등학교 5학년 시절에 학교수업을 마치고 집으로 돌아오는 길, 초등학교 3~4학년 정도 되어 보이는 두 명이 필자를 보고 절름발이 지나간다고 놀려대면서 돌을 던지고 달아난 적이 있다. 하루는 동네 길을 걷고 있는데 이웃동네에 살고 있는 4학년 학생 두 명이 싸움을 걸었다. 싸우지 않으려 했지만 막무가내로 덤벼들었다. 나의 몸 여기저기를 발로차고 때리는 것이다. 젖 먹던 힘까지 다하며 붙들고 놓아주지 않으면서 끝까지 싸워 승부가 나지 않는 싸움을 1시간쯤 계속했던 슬픈 경험이 있다. 얼굴에 피멍이 들고 코피가 터지는 싸움 이후 그 학생들은 더 이상 덤벼들지 못했다.

친구 한명도 유학시절 동양인이라는 이유로 백인들이 인종차별을 하면서 자신의 얼굴에 침을 뱉은 적이 있다고 한다.

상황적 모습만 다르지 인간이라면 피해갈수 없는 절망의 골짜기를 지난 아픈 상처 하나쯤은 가지고 살아간다. 어른이 되면 어린아이들처럼 싸우는 그런 세상은 없겠지 생각했지만, 세월이 흘러 성인이 되어보니 싸움의 방법과 모습만 달랐지 총성 없는 경제전쟁의 이해관계에 얽혀 싸우는 치열한 모습은 어린이에서 어른으로 전이된 모습이다.

상대적인 용어지만 사회생활을 하면서 비주류인 필자가 체감하며 느끼는 것은 어떤 조직이든 눈에 보이지 않는 비공식조직(사조직)이라는 파벌에 줄을 대며 승진에서 승승장구하면서 잘나가는 사람은 행운이 따르고 한편으로는 출세한 사람처럼 보인다. 그럴 때 동료나 주변사람들은 부러워하기도 한다. 그리고 일부는 자신의 학벌이, 집안배경이, 대인관계가 부족한 것 등을 탓한다. 그러나 세월이 흐르면 때로는 불굴의 출세가 자신의 인생을 망치기도하고, 한때 방황하면서 절망적인 삶을 살았던 인생이 성공스토리로 묘사되어 세상에 나타나기도 한다.

인생은 중국 고사에 나오는 '새옹지마塞翁之馬'처럼 교과서적인 정답이 없기 때문에 세월이라는 시간의 흐름에 따라 지위나 신분에 변동이 일어나기도 한다. 그래서 어려움을 탈출할 기회도 생기고 마음의 여유도 생긴다. 눈앞에 펼쳐지는 환경에서 초월하지 못하면 냉정한 판단력과 여유로운 마음가짐은 자신에게서 찾아볼 수 없고 오직 눈에 보이는 모습에 따라 절망의 낭떠러지로 떨어질 수 있다는 의미다.

지금 우리 앞에 놓인 세상은 한치 앞도 알 수 없을 만큼, 불확실한 경계사회다. 특히 길거리에서 방황하며 힘들어하는 젊은이들에게 말하고 싶은 부문이다. 나이가 젊다면, 나이든 사람들보다는 훨씬 더 유리한 위치에서 기회를 맞이할 수 있다.

사람은 누구나 살다 보면 한두 번쯤 예상치 못한 절망의 골짜기를 만나게 된다. 이때 낭떠러지에 굴러떨어져 상처투성이가 되어 소망을 잃고 죽음을 생각하거나 설령 살아 일어난다 해도 외롭고 홀로 버려진 인생 같이 느껴질 때가 있다. 그곳에서는 더 이상 내려갈 곳도 없다. 인생의 바닥이라고 생각되어 죽음을 생각하기도 한다.

희망의 끈이 있는 사람은 오로지 하늘만 바라볼 수 있다. 하늘은 소망이다. 소망이 보이지 않는다면 자신이 밟고 있는 땅에서 손으로 한 줌 흙을 들어 전자현미경으로 들여다보아라. 그 속에는 서로 다른 생명체 500여 마리가 공존하며 살아가는 모습을 볼 수 있을 것이다.

비행기를 타 구름 위 하늘에서 땅을 내려다보면 집이나 고속도로가 한 줌 흙으로 보인다. 수많은 사람들이 다니는 도시는 성냥갑 늘어놓은 것 같고 고속도로는 흰 실타래 한 가닥을 땅에 길게 늘어놓은 것 같이 보인다. 세상을 살아가면서 비교하게 되는 학벌, 명예, 재산 등이 하잘것없는 것처럼 보인다.

우주공간에서 더 넓고 넓은 수백 광년 떨어진 지구는 어떻게 보일까? 바닷가 백사장의 모래 한 알갱이로 보일 것이다. 이렇게 볼 때 인간의 절망이 얼마나 어리석은 것인지 다시금 생각해본다.

농사를 짓는 사람에게 날씨가 흐리고 비가 오는 날만 지속된다면 절망하며 화창한 날씨를 그리워하겠지만, 그렇다고 화창한 날씨만 계속되면 반대로 물이 고갈되면서 땅이 거북이 등처럼 갈라지고 사람이 살 수 없는 버려진 땅이 될 것이다. 흐린 날씨의 비도 화창한 날씨의 햇살도 인간에게 그 가치는 이루 말할 수 없이 큰 것이다.

인간에게 절망이 있기에 희망이라는 가치도 있다. 역사적으로 인류는 수없이 많은 변화와 위기를 경험해왔다. 새로운 사회의 발달과 함께, 인류는 전쟁과 기근, 경제 대공황 등 긴 어둠의 터널들을 통과하면서 오늘에 이르렀다. 어둠의 터널 안에서 사람들은 여러 가지 양상을 보인다. 탈출구가 없어 보이는 절망의 터널 안에서 좌절해버리는 사람들이 있는 반면, 절망의 골짜기에서도 희망을 노래하며 터널을 통과할 수 있도록 용기를 주는 사람들이 있다. 참혹한 전쟁이 있기에 평화의 가치는 빛난다. 상황을 어떻게 대처하는가에 따라서 운명은 달라진다.

같은 공간과 시간 속에서도 절망하는 사람이 있고, 꿈을 가지고 희망이 있는 삶을 사는 사람이 있다. 당신이라면 좌절하며 절망과 고통의 삶을 살아가는 사람에게 기회를 줄 것인가? 아니면 작은 희망의 불씨조차 끄지 않고 살아보려고 노력하는 사람에게 기회를 줄 것인가? 기회는 누구에게 먼저 찾아갈까? 작은 차이 하나가 나침반이 되어 인생의 행로를 바꾸어놓는다는 사실을 기억하는가?

기후변화는 수백 년 주기로 찾아온다는 대주기설과 수십 년 단위라는 소주기설이 있다. 기후변화로 한반도가 아열대에 편입될 수 있다는 예측은 부정하기 어렵다. 예측이 불확실한 경계사회에서 자연재해는 2050년에 10억 명 가까운 난민이 발생할 것이라는 AFP 통신과 국제이주기구 보고서가 계속 나오고 있다. 해마다 평균 2천만 명 가까이 온난화로 집을 잃고 있다. 아프리카의 일부지역은 기후변화로 수십 년간 비가 내리지 않아 건조한 사막화로 동·식물이 살아가기 어려운 척박한 땅이 되어버렸다. 세계 어디를 가나 기후변화를 체감한다고 현지인들은 이야기한다. 유엔본부 정문 옆에도 일그러진 커다란 지구본 조형물을 설치해서 유엔본부를 찾는 사람은 누구나 볼 수 있다.

지구의 온도를 유지시켜주는 만년설인 북극의 빙하는 우리 모르게 빠르게 녹아내리고 있다. 북극곰들은 서식처가 사라지면서 멸종위기다. 무차별적인 벌목으로 인해 지구의 허파인 산림의 파괴는 기상이변으로 이어지고 있다. 서울의 열대야 현상 일수가 매년 늘어나며 찜통더위 일수도 함께 늘어난다.

인간은 생태계의 한 축이다. 한반도에서 뿐만 아니라 세계 곳곳의 불규칙한 기후변화는 생태계의 교란을 가져오면서 갑작스런 환경변화에 대처하기 어렵다. 해양과 육상의 생태계 변화는 가속도를 내고 있다. 그 결과 해수면이 높아지면서 해발고도가 낮은 지역부터 침수되기 시작했으며 초원지대가 사막화되거나 예측치 못한 폭우와 폭설 등이 불규칙하게 세계 곳곳에서 나타나고 있다.

지구 생태계의 변화와 위기 앞에 선 우리 인간들이 책임감 전가를 떠나 서로가 힘을 합쳐서 어떻게 개척의 역사를 새로이 쓰면서 대응해 나가느냐에 따라 지구에 붙어 살고 있는 인간의 운명이 얼마든지 달라질 수 있다.

지구의 운명을 지상천국에서 파멸에 이르는 과정의 사례로 하와이에서 남서쪽으로 약 3,900km 떨어져 있는 남서태평양상의 공화국인 나우루Nauru 국가를 예로 든다는 것은 적절치 않을 수도 있으나, 이해를 돕기 위해 설명하겠다.

나우루는 바티칸과 모나코에 이어 세계에서 세 번째로 가장 작은 독립공화국이다. 타원형의 섬으로 둘레가 19km이며 수도는 야렌이다. 면적은 21.2㎢로 울릉도의 3분의 1, 여의도 2.5배 정도의 크기다. 인구는 약 12,700여 명이다. 비록 작은 국가지만 앨버트로스라는 새의 똥이 수백만 년 동안 산호초에 쌓이면서 작은 섬나라가 되고 자연이 가져다 준 풍부한 인산염(인광석) 광물은 질 좋은 화학비료의 원료가 되면서 이를 수출하여 한때 세계에서 가장 풍요로운 나라로 최고의 번영을 누렸다. 개인당 소득이 가장 높은 부자국가로 세금이 없는 나라, 학비와 병원비가 공짜인 나라, 어느 누구도 일하지 않는 나라, 먹고 놀고 자고 해외여행과 과소비가 이루어지는 지상낙원이었다.

이런 지상낙원에서 채굴권을 외국인 기업에 넘겨주게 되어 외국투자회사들의 무절제한 마구잡이 채굴로 결국 1990년대 인산염이 고갈되고 나우루의 경제는 20년 만에 곤두박질치면서 침체의 늪으로 떨어졌다. 게다가 기후변화로 해수면이 높아져 바다 밑으로 가라앉을 위기에 처해 있다.

나우루의 사례는 우리에게 무엇을 시사하고 있는가? 현재 지구환경 변화의 미래를 책임감 전가로 방관하여 기후온난화 현상의 발생빈도를 줄이지 못한다면 지구는 무분별한 환경파괴로 인해 예상치 못한 종말을 맞이할 수도 있다는 경고다.

인류는 당당히 자연재해와 적자생존이라는 자연법칙과 싸워서 승리한 집단적 지적知的 개체들이다. 절망의 골짜기는 마음에만 존재하기 때문에 일어설 수 있다.

들판에 버려져 있는 깨진 항아리 조각도 주워서 그곳에 이름 모를 들꽃을 심는다면 설사 도예가의 혼이 담겨 있지 않더라도 꽃을 심는 마음 자체에 어떤 의미가 담겨 있지 않은가? 당신의 경쟁력은 당신이 보유하고 있는 마음의 용기에 어떤 콘텐츠를 어떤 방법으로 창조하느냐에 달려 있다. 버려진다면 깨진 항아리이지만 잠깐의 재활용으로 예술적 가치를 부가하는 지혜, 그것이 바로 재도전이라는 재활용의 힘이다.

§02 풍파에 시달린 소나무를 보라

한국은 평지보다 산이 많다. 가파르고 높은 산 절벽 벼랑 끝을 보면 바위를 감싸고 뿌리를 바위 틈 사이로 깊이 내리고 있는 말없는 소나무들이 있다. 세찬 바람과 폭설에도 묵묵히 잘 견디면서 성장하였기에 나무의 가지 형태가 여러 모습으로 이리저리 휘어져 있다. 바람에 흔들리면 흔들릴수록 생존을 위해 뿌리를 깊게 내린다.

그렇게 열악한 환경을 이겨내고 성장한 나무는 똑바로 곧게 자라지 못하고 기이한 형태로 인해 목재로 사용되기보다는 명품 소나무로서 고급리조트 단지나 부잣집의 조경수로 사용된다. 험준한 환경에서 자란 소나무의 수명은 수십 년에서 수백 년을 자랑한다.

반면에 넓고 넓은 숲에서 낙엽이 퇴적되어 형성된 옥토에서 쭉쭉

뻗으며 잘 자란 소나무들이 있다. 뿌리를 깊게 내리지 않아도 잘 자랄 수 있고 바람이 심하지 않아 가지들이 휘어져 있는 모습도 찾기 어렵다. 그래서 평온하게 잘 자란 소나무는 일정한 기간이 지나면 벌채허가를 얻어 대부분 집을 짓는 목재로 사용된다.

어느 날 갑자기 폭설이 내리면 눈의 무게를 이기지 못하고 가지가 부러지거나 뿌리가 약하여 옆으로 눕거나 뿌리가 뽑히면서 쓰러진다. 혹독한 시련을 경험하지 못한 소나무들은 갑작스러운 폭설이나 태풍이 오면 이겨내지 못하므로 옥토에서 자라는 소나무의 수명은 짧다.

다행히도 한국의 소나무는 외국의 드넓은 평원에 자라는 소나무와 달리 험준한 산악에서 풍파에 시달리며 어려움을 잘 극복하고 자라고 있어서 여간해서는 가지가 부러지지도 않고 뽑히거나 쓰러지지 않는다. 한국의 소나무는 사계절 늘 푸르고 열악한 환경 속에서도 늠름한 모습이다. 위기에 강한 소나무는 휘어질 수는 있지만 부러지지는 않는다.

위기 속에 숨겨진 보물은 우리의 생활 속에서도 수많은 사례가 있다. 국내의 한 백화점을 예로 들어보겠다.

오랜 역사를 가지고 있는 신세계백화점은 한때 롯데백화점과 현대백화점 사이에 끼어 샌드위치처럼 경영에 어려움이 있었다. 그러나 월마트 운영방식을 한국만의 독특한 운영방식으로 벤치마킹하여 한국에 처음 선보인 대형 할인점 이마트로 다시 신세계의 브랜드 가치를 끌어올리면서 윈윈(Win-Win)의 상승효과를 가져왔다.

요즘 주위를 보면 비판하느라 정신 없다. 칭찬이나 격려에는 인색하고 비판하는 데 급급하다. 비판하는 사람은 인생의 쇠퇴기를 맞는 포물선을 그릴 수밖에 없다. 자신의 것이 될 수 없는 비판에 쉽게 동참하기보다는 어려운 날이 찾아와도 직무분야에서 묵묵히 일하며 실력을 키워야 한다. 그 실력만이 자신의 것이 되고 쌓이면 자신이 성장하고 조직이발전하고 나아가 국가 경쟁력이 된다.

우리의 본질적인 특성은 다른 나라를 침략하기보다는 침략을 많이 받아온 민족으로 한민족의 몸속에 흐르는 피는 외세에 대한 침략을 이겨낸 저력이 있다. 그 저력은 태풍에도 쓰러지지 않는 나무의 나이테처럼 녹아 있다. 오늘날 한국의 대외 경제의존도는 75%에 달한다. 경제구조의 특성상 세계적인 경제적 위기는 곧바로 한국의 경제적 위기와 연결된다.

1997년 12월 IMF 체제로의 편입이라는 경제적 위기를 겪은 후 또다시 새로운 경제적 위기에 봉착했다. 한국은 세계에서 가장 빠르게 IMF 체제에서 졸업했지만, 그 과정에서 사회적 양극화가 심화되었다. 이로 인해 한국사회에는 어두운 그림자가 길게 드리워졌다.

외환위기 이후 급속히 진전된 세계화와 IT 기술로 인한 지식정보화 사회로의 변화는 경제성장 및 회복에도 불구하고 한국사회의 양극화를 심화시켰다. 현재 한국은 수많은 청년실업자들과 실직자들이 넘쳐나고, 자영업자들의 비율이 비정상적으로 높다. 이 상태로는 인구 수당 자영업으로 인한 수익을 창출하기 어렵다. 또한 고용불안을 느끼며 낮은 임금을 감수하는 비정규직들이 크게 증가했고, 국가의 경제성장이 국민들의 고용창출을 뒷받침해주지 못하면서 양극화가 점점 심화되고 있다.

이러한 상황에서, IMF 체제의 후유증들이 완전히 치유되기 전에, 미국발 금융위기가 세계적인 경제적 위기라는 거센 회오리바람이 되어 한반도에도 불어닥쳤다. 고도화된 산업사회에서 국제적 경제위기는 예전과 달리 경제적 패러다임의 변화(paradigm shift)를 배경으로 깔고 있다. 현대는 IT산업으로 대표되는 지식정보화 회라는 점을 고려해야 한다. 수출에서 차지하는 IT관련 비중이 30%를 넘는 것만 보더라도 이전과는 전혀 다른 방식으로 위기를 극복해나가면서, 새로운 변화에 대응하며 성장을 모색해야 한다. 그리고 위기 속에는 어려움을 극복했을 때 숨겨져 있는 보물도 있다는 사실을 기억하자.

§03 패러다임 변화와 부의 재편

경제 패러다임의 변화는 부의 중심축을 이동시켜왔다. 농업혁명이 전개되자 인류는 큰 강 유역에 모여 농사를 지으면서 세계 4대 문명인 황하 문명, 인더스 문명, 메소포타미아 문명 및 이집트 문명을 발달시켰다. 산업혁명이 기계를 통해 기술경쟁력을 확보한 국가들을 중심으로 전개되자, 농경 중심의 국가들은 쇠약해졌다. 반면 산업혁명을 재빨리 받아들인 국가들이 세계 경제의 주도권을 장악하며 군사력을 증강시키고 세계열강에 합류했다.

농업사회 및 산업사회로의 변화에서와 마찬가지로 정보화 사회로의 변화에서 미래를 예측하기 어려운 불확실한 경계사회는 부의 중심축을 새롭게 재편하면서 전개될 것이다. 농업사회나 산업사회 이전의 직업들은 경제사회의 변화와 함께 사라지거나 감소했다. 하지만 경제 패러다임의 변화와 함께 새로운 산업과 분야에서는 일자리가 더욱 많이 창출되었고 전체적인 경제력이 성장했다. 정보화사회 역시 새로운 일자리를 창출하면서 전체적인 경제력을 크게 증가시킬 것이다. 또한 한 국가 내에서 부의 재편이 이루어질 뿐만 아니라, 각국이 어떻게 변화를 받아들여 대응하고 적응해나가는가에 따라서 전체적인 세계 경제력의 재편도 이루어질 것이다.

경제 패러다임 변화는 부의 중심축을 이동시키며 새로운 기회를 제공한다. 한편으로는 변화에 적응하지 못한 사람들의 빈곤을 심화시키며 이에 대한 대응을 요구한다. 이러한 과정에서 대한민국은 높은 경제성장을 이룩했지만 중간층이 몰락하고 빈곤층이 심화되는 양극화의 문제가 심각한 그늘을 드리우고 있다. 양극화는 1980년대 중반 미국에서부터 시작되어 1990년대 유럽을 비롯한 선진국에서도 본격화되면서 전 세계적으로 확산되어왔다. 그리고 서민층의 빈곤화는 구매력을 감소시켜, 기업의 도산으로 이어지고 전체적인 경제위기를 초래했다.

양극화는 중간층이 해체되고 상층과 하층으로 양분화되어 상층은 더욱 부유해지지만, 하층은 더욱 빈곤해진다는 것을 의미한다. 장기적으로 중간층의 해체는 그 사회나 국가의 물품구매능력을 떨어뜨리게 되어, 결국 기업들이 문을 닫게 되고 경제적 위기를 불러오게 된다. 또한 하층은 중간층이 존재하지 않을 경우, 아무리 노력해도 하층의 빈곤을 벗어나기 어렵게 된다. 이러한 양극화 현상은 이제 단순한

계층간의 소득격차, 또는 산업간 소득격차를 넘어서서 사회 전반에 걸쳐 확산되고 있다.

그러나 불확실한 경계사회가 양극화를 일정기간 심화시키는 하나의 원인이 된다고 해서 거대한 흐름을 멈출 수는 없다. 산업혁명이 진행되는 과정에서도 실직과 생활고 등의 여러 부작용과 함께 러다이트 운동(Luddite Movement: 기계파괴운동)이 나타났다. 하지만 산업혁명의 흐름을 멈추게 하거나 돌려놓지 못했다. 경제 양극화의 심화 때문에 정보화사회에서 불확실한 경계사회로의 변화를 거꾸로 되돌릴 수는 없는 일이다.

양극화의 해결에는 사회 구성원들의 노력뿐만 아니라 국가적인 제도정비와 지원이 필요하다. 산업혁명의 진행과정에서 여러 부작용들이 나타났다. 그러나 최저임금보장 및 사회보장제도 등의 국가적인 제도와 지원이 마련되면서 상당부분은 해소되었다. 양극화의 해결 역시 국가적인 제도 마련과 지원이 뒷받침되어야 할 부분이다. 정보화사회는 산업사회보다 훨씬 더 세계적이며 산업간에 복잡하게 연결되어 있다. 또 빠르게 변화, 발전하고 있다는 점에서 산업사회보다 훨씬 더 복잡하고 정교하다. 전체적인 맥락 안에서 단순한 부의 재분배로는 부족하다. 정보화사회를 발전시키는 방향으로 양극화를 해결하려는 노력이 필요하다.

불확실한 경계사회는 유형의 자산보다는 무형의 자산에 초점을 두고 전개된다. 이러한 점에서 불확실한 경계사회로의 변화는 유형의 자산이 부족한 우리나라에 새로운 기회다. 정보화사회에서는 커다란 변화의 물길 조정과 방향 설정이 무엇보다 중요하다. 그러나 우리나라의 경우 각 하드웨어와 연결되는 인프라 구축은 세계 최고지만 소프트웨어 저작물인 콘텐츠는 부끄러운 수준이다. 한 나라와 기업, 개인들은 그 물길이 흐르는 곳에 꽃 피어나고 성장하는 새로운 나무와 열매들을 차지하게 될 것이다. 그렇다면 패러다임의 변화는 콘텐츠가 될 수 있어야 한다. 저작물이기 때문에 창조적이어야 하고 방향 설정에서 선택과 집중이 또 다른 부의 재편을 가져올 수 있는 지각변동이라 할 수 있다. 거대한 메가트랜드의 변화라는 흐름 속에 불확실한 경계사회는 늘 존재해왔기 때문이다.

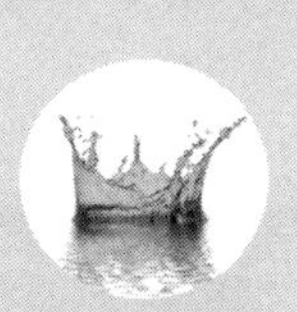

§04 운명론자와 개척자

사람이 태어나서 평생 바꿀 수 없는 것과 바꿀 수 있는 것이 있다. 바꿀 수 없는 것은 부모, 나이, 성, 인종 등이다. 바꿀 수 있는 것은 무엇일까? 자신의 게으름을 태생적 DNA탓이라고 변명하며 살아가야 할까?

인간의 뇌는 독특한 기능이 있다. 암시에 걸리면 그에 맞게 주인의 신체, 두뇌, 정신능력을 조절한다. 대표적인 것이 최면이라고 한다.

필자의 이름은 한자로 孫泰榮(손태영)이다. 세살 때 소아마비 후유증으로 성인이 된 후에도 왼쪽다리에 혈액순환이 원활하지 못하여 심하게 다리를 절룩거린다. 아버지는 당시에 오늘날의 대기업과 같은 안정된 직장인 충주비료공장에 근무하셨다. 그러나 마당에서 잘 뛰어놀던 아들이 열병을 앓으면서 돌아다니지 못하고 방안에 눕게 되자 안쓰러워 전국 곳곳 사방팔방 뛰기 시작하셨다. 사랑하는 아들의 다리를 고쳐주기 위해 공장에 사직서를 쓰시고 오로지 병원과 한의원을 안방처럼 들락거리셨다. 그러나 별다른 차도가 없었다. 희망은 사라지고 실망이 이만저만이 아니셨다.

어느 날 어머니와 이야기하시는 것을 방문 밖에서 우연히 듣게 되었다. 너무나 절망적이었기에 유명하다는 동양철학관에 가서서 당신의 아들에 대한 미래를 여쭤보셨다는 것이었다. 대답은 실망스러웠다. 학이 왼쪽 날개 죽지가 다쳐서 피를 흘리며 더 이상 하늘을 날지 못하고 앉아 있는 형국으로 사람들로부터 동정을 받고 살아갈 팔자라고 말했다. 철학관에서 돌아오시는 길에 길가에서 돋보기를 끼고 사주팔자를 보는 어르신께 다시 여쭤보셨다고 한다. 대답은 비슷했다.

나는 모든 것을 운명으로 돌리며 아무런 의욕도 없이 하루하루 살아갔다. 운명론자가 된 것이다. 애당초 어떤 삶의 목표가 없었기 때문에 상황에 따라 주어지는 일이 있으면 하였다. 학교건물과 가정집, 공공시설 등을 돌아다니며 작은 사다리 하나 올려놓고 페인트칠을 하였다. 점심시간에 집주인 아주머니가 끓여주는 된장찌개가 그렇게 맛있을 수가 없었다.

겨울이 되면 페인트가 얼고 따라서 건축일이 없어서 바깥에서 일할수 없어 실내에서 할 수 있는 옷을 만드는 일도 함께 배웠다. 흥미도 없었고 적성에 맞지도 않았지만 운명에 따라 자신의 인생도 흘러간다는 단순한 마음에 체념적으로 일하니 운명론에 생각이 묶여서 정신적으로 노예와 같은 삶이었다. 작은 차이의 생각이 어느 쪽으로 기우느냐에 따라 운명론자와 개척자와의 갈림길에 들어서게 한다.

극단적인 사례지만 중국 허난성 신양시에 한 자녀 정책에 의해 태어나 소황제 대접을 받으며 자라온 청년이 아버지가 죽고 뒤이어 어머니마저 세상을 떠나게 되었다. 그는 물려받은 재산이 있고, 젊음도 있었다. 일자리도 친척이 마련해주었다. 그럼에도 불구하고 그는 굶어 죽게 되었다. 그동안 젊은이의 삶을 떠받쳐 준 부모님이 세상을 떠나자 스스로 살아갈 수 있는 정신능력이 없었던 것이다.

부모의 과도한 애정이 청년을 죽음으로 몰았다. 삶에 어떤 동기부여나 자극이 있었다면 그렇게까지 되지 않았을 것이다. 삶에서 어떤 단절은 아픔을 불러올 수 있지만 결정과 행동에 따라 운명을 바꿀 수 있는 개척자적인 삶을 불러올 수 있다. 여기서 극명하게 드러나는 것은 아무도 자신의 운명을 대신 살아주지 않는다는 사실이다.

사물의 전체 흐름 속에서 인간이 본질을 제대로 보지 못한다면 인간의 뇌에서 유연한 사고의 탄력성이 없어진다. 그러면 자신이 배우고 익힌 지식과 함께 생활습관이 되어버린 고정관념만 표준이라고 생각하며 자신의 모습이 삶의 한 패턴이 되어버린다. 고정관념을 없애려고 노력하지 않는 사람은 상황적 운명론자다.

끊임없이 관찰하며 분석하고 노력하라.

초원지대에서 살아가는 말들은 험하고 높은 산을 절대로 넘지 못한다. 그것은 위험하다는 사실을 본능적으로 알고 있기 때문이다. 그

러나 인간에게 훈련되면 사람을 태우고도 험한 산악지대를 넘어 다닌
다. 두 말이 달리기를 할 때 자연 상태의 말이 빠른가 아니면 인간을
등에 태우고 있는 말이 더 빠른가? 말 전문가는 자연 상태의 말은 속
도를 내야 할 이유가 없기 때문에 인간을 태운 말보다 속도가 느리다
고 한다. 사람과 함께 지낸 말은 사람을 태우고도 힘들어하지 않고 가
속도를 즐긴다. 말은 밤에는 시력이 좋지 않아 이동하지 않지만 인간과
함께 지낸 말은 훈련에 의해 밤에도 잘 달릴 수 있다.

현재 지식정보화사회를 넘어 불확실한 경계사회의 진행단계다. 앞
으로 계속해서 획기적인 발전을 거듭하며 불확실한 경계사회는 계속
될 것이다.

크게 주목해야 할 점은 창의성과 가속도다. 컴퓨터와 인터넷을 기
반으로 예전과는 비교할 수 없을 정도로 통신과 미디어의 결합은 가속
화되고, 동시에 전 세계로 확산된다. 또한 무형의 지식과 산업은 그 자
체로도 새로운 부를 거듭 파생시키며 창출하기도 하며, 유형의 산업과
연결되어 새로운 부를 창출하기도 한다. 얼마나 빠르게 가속도에 대응
하며, 창의적으로 사고할 수 있는지가 매우 중요한 사회다.

농경사회가 기다림과 인내를 요한다면 경계사회에 들어선 지식정
보화사회는 수렵사회처럼 신속하고 정확한 판단력과 순발력을 필요로
한다. 느림, 기다림, 인내의 미덕보다는 수렵사회의 변화무쌍한 상황에
능동적으로 대처할 수 있는 발 빠른 감각이 요구된다.

정보화사회는 농업사회뿐만 아니라 산업사회와도 다른 특성을 갖

는다. 산업사회의 특징인 대량생산의 획일적인 제품과 사고를 가지고
는 정보화사회를 살아갈 수 없다. 정보화사회에서는 제품의 품질, 디
자인, 마케팅 기법 등에서 보다 새로운 아이디어와 성능이 요구된다.
여기에 더해 고객의 감성에 호소할 수 있는 제품, 고객을 감동시키는
제품들이 각광을 받고 있다.

고구려인들의 수렵도를 보면 고구려인들은 속도를 즐기고 삶의 여
유와 멋을 아는 사람들이었다. 속도는 오늘날 정보화사회의 가장 두드
러진 특성이다. 고구려인들의 삶을 잠시 일별해보자.

고구려인들은 험준한 산악지대를 배경으로 주변의 여러 나라와 수
시로 전쟁을 했다. 그래서 남자들은 공차기 놀이인 축국, 씨름 등과 수
박手搏 같은 무예로 신체를 단련했다. 또한 어린이들에게는 경당을 세워
활쏘기와 경전을 가르침으로써 전문성을 갖춘 용맹한 군사로 성장하
도록 했다. 고구려인들은 또한 놀이의 의미를 아는 사람들이었다. 그들
은 수시로 전쟁이 일어나는 긴장된 삶을 살았지만, 춤과 노래를 즐기며
삶의 피로와 긴장을 풀고 축제를 즐기며 공동체 의식을 강화했다.

이러한 고구려인들의 삶은 여러 벽화에 그려져 패기와 정열이 넘
쳤던 그들의 모습을 우리에게 전해주고 있다. 특히 무용총의 고분벽화
에 나타난 수렵도를 보면 훗날 한국인의 기상이 어렵지 않게 그려진
다. 수렵도에는 깃털이 달린 모자를 쓴 사람들이 동물들을 향해 활을
겨누며 말을 타고 달리는 모습이 그려져 있다. 그 중에 한 사람은 말을
타고 달리며 몸을 뒤로 돌리고 달아나는 사슴을 향해 활을 겨누고 있

다. 고구려의 험준한 산악과 나무들은 그들에게 아무런 장애가 되지 않는다. 고구려인들은 속도를 두려워하는 것이 아니라 즐기고 있다. 그림에서 사슴과 호랑이는 건강하고 힘차게 달아나고 있다. 말 또한 빠르게 달리고 있으며 활을 쏘는 사람들의 모습도 힘이 넘친다. 수렵도에는 최상의 속도와의 전쟁, 그리고 그것을 즐기는 고구려인의 기상이 그려져 있는 것이다.

21세기는 물리적 공간의 한계를 넘어서 사이버 공간에서 속도와의 전쟁을 한다. 점점 가속도와의 전쟁이 전개되는 지식정보화 사회, 정보와 통신의 발달은 수많은 시장을 하나의 시장으로 축소시키면서 통합시켰다.

뛰어난 제품을 만들어내도 얼마 후에는 보다 더 새로운 제품이 출시된다. 아무리 좋은 제품이라도 다른 곳에서 먼저 생산이 시작되면 설자리를 잃게 될 수 있다. 값싼 제품을 대량으로 생산하기만 하면 팔리던 시대는 지나갔다. 국적과 관계없이 어느 기업이 먼저 출시하느냐에 따라 제품의 시장 지배력이 달라진다. 때로는 상황에 따라 제품을 다양하게 생산하면서 가속화시켜야 한다. 정보통신이 빛의 속도로 움직이면서 지식과 정보가 숨어 있는 무형의 제품과 가치가 중요해졌다.

속도와의 전쟁에서 앞서 나가는 이들이야말로 불확실한 경계사회에서 거대한 물결의 흐름을 주도하게 될 개척자이며 경계사회에서 진정한 리더이다.

가속도는 다양한 변수들을 포함해서 정확하게 예측되어야 한다.

최상의 속도전 속에서 화살이 정확하게 조준되지 못하면 사냥은 목표물을 획득하지 못하는 한갓 유희遊戱로 끝난다.

불확실한 경계사회에서도 가급적 모든 다양한 변수들을 고려해서 보다 정확하게 예측 대비해야 한다. 개척자들이 일구어가는 세상에서 능동적으로 대처해야 기업이나 사회 및 개인이 불확실한 경계사회의 주역으로 성장하며 미래를 주도할 수 있다. 불확실한 경계사회는 순간적으로 상황에 능동적으로 대처하는 수렵사회의 생활양식과 감각이 필요하다.

세상의 변화를 주도하며 새로운 역사를 그려나간다면 개척자가 될 수 있다. 개척자에게 주어진 숙제는 안주하는 삶이 아니라 역동적인 흐름 속에서 휩쓸리지 않고 기회를 살리는 도전적 삶이다. 비록 앞날이 불확실하고 때로는 실패 가능성도 많고 고통을 감수하며 이겨내야 하는 어려움도 있다. 그러나 분명한 것은 개척자에게만 땅(새로운 개척으로 시대상황을 압도하는 물리적인 힘)을 선택할 수 있는 기회가 주어진다는 것이다.

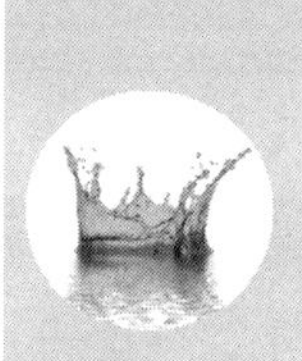

§05 새 하늘과 새 땅 - 디아스포라

인터넷을 통한 지식들이 순식간의 공간이동으로 사이버세상에서 급속도로 퍼지면서 새 하늘과 새 땅이라 불리는 소셜네트워크(SNS, Social Networking Service)라는 시스템 서비스를 이용하며 사이버공간에서 휴대전화 문자메시지부터 싸이월드, 블로그, 트위터, 페이스북 등 수많은 접속매체들과 친숙해지며 살아야 한다. 그래서 새 하늘과 새 땅을 만들어가는 힘은 소수의 정치지도자도 아니요, 공중파를 이끄는 방송국 사장도 아니다. 바로 디지털 유목민이다. 그들의 힘을 어떤 방법으로도 막지 못하는 것이 새로운 디지털시대의 큰 흐름이다.

유력한 선거 후보에게 어떤 사유가 발생하면 여론의 향방조차도 손쉽게 손가락을 이용해 바꿔놓을 수 있는 디지털파워가 그들에게 있다.

인간에게는 현재에 만족하거나 위기의식이 없으면 변화하지 않으려고 저항하는 속성이 숨어 있다. 반면에 진보적 사고로 새로운 변화를 불러오며 적극적으로 삶을 통제하며 대응하려는 관념도 가지고 있다. 이들은 우리 내면에 공존하면서 정신을 혼란스럽게 만든다. 현명하게 대처하려면 나 자신이 먼저 상황변화에 적응해야 한다. 모든 것은 내면의 마음의 변화에서 시작되어 태도로 나타나기 때문이다. 그리고 모든 문제는 나 자신에게 있는 것이고 내 안의 문제다. 그것이 조직의 최고경영자든 아니면 저임금 근로자든 사회적 지위와 신분과는 전혀 상관관계가 없다.

의류산업은 저임금 제조업으로서 선진국은 물론 한국과 일본에서도 사양산업이다. 하지만 오랫동안 쌓인 경험과 노하우로 되살린 제조기술은 방식을 바꾸어 글로벌 경영을 확대하며 부가가치 산업으로 되돌려 놓았다. 단편적인 예로 한국에는 제일모직이 있고 일본에는 유니클로Uniqlo가 있다. 모두 방식은 다르지만 사양산업에서 글로벌 기업으로 변모하였다.

변화한다는 것은 미래가 불확실한 상황에서 위험한 일일 수 있다. 그러나 변하지 않는 것처럼 위험한 일도 없다. 현악기의 줄은 잡아당겨서 끊어질 만큼 되어야 신묘한 깊이의 아름다운 소리가 나온다.

인간을 만물의 영장이라고 한다. 인간은 사고할 수 있는 힘이 있기에 시간적, 공간적, 실체적 존재 가치를 중요시한다. 인생이라는 무대에서 자신의 유형과 무형의 존재가치를 높이기 위해 운명론에 인생을 내

맡기지 않고 어제보다 더 나은 삶을 추구하기 위해 변화하고자 노력하는 그대는 분명 인생에서 개척사를 써내려 가는 멋진 사람이다.

한 나라의 국운도 마찬가지다. 사회 구성원과 조직에서 리더는 눈앞의 작은 이익을 버리고 멀리 보고 실행해야 한다. 서양 속담에 "한 마리의 사자가 지휘하는 백 마리의 양떼는 한 마리의 양이 지휘하는 백 마리의 사자떼를 이긴다."라는 말이 있다. 리더십의 중요성을 뜻한다. 리더십의 본질은 무엇인가? 일, 신뢰, 책임감으로 이루어져 있다. 하나도 소홀히할 수 없는 요소다.

기회가 리더를 만드는가? 리더가 기회를 만드는가?

리더의 위치에 있는 사람은 비전에 대한 확신을 가지고 자신의 분야에서 일하는 사람들이 매력을 가질수 있도록 시스템적인 인프라를 구축하여 기회를 제공해야 한다. 그렇게 해야 인재들이 떠나지 않고 몰려온다. 지금 젊은 인재와 수출로 벌어들인 자본이 국내에서 투자 매력이 없어 해외로 나가서 국부 유출로 또다시 도약할 기회를 잃어가고 있다. 가까운 미래를 바라보고 지금은 시끄럽고 힘들더라도 지속가능한 국가발전을 위해 세계 각국의 인재와 자본이 비교적 쉽게 유입될 수 있도록 매력적인 인프라를 구축해놓아야 한다.

세계 각국의 젊은 인재들이 한국에 들어와서 공부하고 그 지식을 바탕으로 시너지를 낼 수 있도록 토양을 만들어주어야 한다. 역설적으로 이들의 일자리로 인해 파생효과는 곧바로 신규 일자리를 창출하는데 큰 역할을 감당할 인재가 되는 것이다. 세계 각국에서 모인 인재는 본국간의 네트워크로 인해 세계 각국으로 수출할 수 있는 제품이나 서비스 창출로 현지화 전략에 큰 도움을 줄수 있는 바탕이 된다.

당장의 고난은 피하고 싶은 것이지만 그 이면에는 새로운 개척사라는 변화를 열어가는 창조적 힘이 존재한다.

세계화 시대를 맞아 각 민족의 디아스포라는 모국과 세계를 연결하는 네트워크 역할을 한다. 일종의 경제공동체를 형성하며 국가경쟁력을 크게 강화시킨다는 점에서 새롭게 주목받고 있다. 현재 디아스포라는 모국을 떠나 세계 곳곳에 흩어져 사는 사람들을 지칭하고 있지만, 역사적인 기록에서는 유대인 디아스포라를 지칭하는 용어로 사용되었다.

유대인 디아스포라가 세계 역사의 커다란 흐름과 관련된 부분을 살펴보면 두 가지로 나눌 수 있다.

첫째, 초대 기독교가 지중해 세계에 전파되는 통로 역할을 했다. 그렇게 함으로써 기독교가 세계적인 종교로 성장하는 데 기여했다.

둘째, 20세기에 들어와서 팔레스타인에 이스라엘을 건국했다. 그리고 세계의 정치·경제에 강력한 영향력을 행사하고 있다.

초대 기독교가 태동하던 AD 1세기경 고향을 떠난 유대인 디아스포라는 지중해 연안에 약 500만 정도가 흩어져 살고 있었다. 이들 중 많은 사람들이 유월절(Passover) 등의 유대인 명절에 예루살렘 성전을 방문하였다가 초기 기독교를 접하고 상당수가 기독교인들이 되어 거주지로 돌아갔다. 또한 사도 바울의 선교여행은 지중해 연안에 흩어져 살고 있는 유대인 디아스포라들을 거점으로 삼는 경우가 많았다. 이들을 통해 로마의 속국 유대에서 발생한 기독교가 국경과 문화를 초월해서 급속도로 지중해 세계로 확산될 수 있었다.

알렉산더 사후 300여 년간 헬레니즘 문화가 지속되었다. 그래서 지중해 세계는 헬라어와 그리스 문화의 영향 아래에서 언어와 문화의 장벽이 높지 않았다. 그러나 한편으로는 헬레니즘 문화권 안에서 흩어져 살고 있는 유대인 디아스포라의 역할도 컸다. 세계적인 네트워크로 기독교 전파의 통로 역할을 했기 때문이다.

20세기에 들어와서 유대인 디아스포라는 팔레스타인에 이스라엘을 건국했다. 그러면서 세계의 정치·경제를 움직이는 역사의 주역으로 주목받기 시작했다. 예루살렘 성전이 로마에 의해 함락된 이후 2000여 년 동안 나라를 잃고 세계를 떠돌던 유대인 디아스포라, 그들은 홀로코스트 Holocaust의 악몽을 거울삼아 2차 세계대전이 끝난 후, 1948년 5월 14일 팔레스타인에 이스라엘을 건국하였다. 건국 당시 65만 명에 불과하였던 유대인들은 총 인구수 1억 4,000만에 달하는 아랍의 연합국들과 싸워서 이겼다. '다윗과 골리앗의 싸움'으로 불리는 1차 중동전에서의 승리 이후 여러 차례 전쟁을 거듭하며 현대적인 군사체제를 갖춘 막강한 군대를 보유하게 되었다.

전 세계로부터 계속해서 유대인들이 이스라엘에 들어와 살고 있다. 하지만 이스라엘의 유대인 수는 현재 500만 명 정도로 추산, 주변 아랍국들의 인구수에 비하면 여전히 소수에 불과하다.

압도적인 열세에도 불구하고 이스라엘이 계속해서 전쟁에 승리할 수 있었던 요인은 뭘까?

우선 유대인들의 강한 정신력과 함께 전 세계의 유대인 디아스포라의 지원이 거론된다. 세계의 정치 경제를 움직이는 1,000만 명에 달하는 유대인 디아스포라. 특히 미국에 살고 있는 600만 명의 유대인 디아스포라는 미국의 정치, 경제, 사회 및 문화 등에 강력한 영향력을 행사하며 모국을 지원하고 있다.

유대인 디아스포라의 역할이 세계적으로 가장 두드러지기는 하지만, 인도, 중국, 일본 및 한국의 디아스포라도 정보화사회에 들어오면서 더불어 주목을 받고 있다. 교통과 통신 및 IT산업의 발달로 세계가 점점 자유무역과 시장경제체제를 중심으로 긴밀히 연결되어가는 지식정보화 사회에서 인적, 물적 및 공간적으로 구축된 세계적인 네트워크의 확보는 다른 시대에 비해 더욱더 그 중요성이 부각된다. 비록 디아스포라의 시작은 각각 민족의 아픔과 함께 출발하였지만, 정보화 사회를 넘어 불확실한 경계사회는 모국과 디아스포라 모두에게 이전과 비교할 수 없는 새로운 가능성과 커다란 잠재력을 제공하고 있다.

한민족의 디아스포라 또한 유대인 디아스포라처럼 강대국의 침략과 민족의 아픔이 큰 원인이었다. 한민족 디아스포라는 한반도가 국제정세에 크게 휩쓸리던 19세기 말부터 시작되었다. 1900년대 초 일제의 경제적 수탈로 농토를 잃게 된 농민들. 그들이 간도와 연해주로 대거 이주하면서 한민족 디아스포라가 기록되기 시작했다. 1930년대 2차 세계대전 중에는 일제가 총동원령을 내려 징용, 징병 및 정신대 등으로 우리 민족을 전쟁터로 끌고 갔다. 그들 중에는 전쟁이 끝난 후에도 돌아오지 못한 사람들이 많았다. 1937년 러시아의 스탈린은 연해주에 살고 있는 고려인들을 중앙아시아로 강제 이주시켰다. 또 1950년대에는 한국전쟁으로 생겨난 많은 고아들이 해외로 입양되었다.

1960년대에 이르러서는 학업이나 일자리를 위한 자발적인 디아스포라가 나타났다. 산업사회의 도래와 더불어 중동으로, 독일로 일자리를 찾아 떠났다. 1970년대에는 아메리카 드림과 함께, 아메리카 이민 붐이 불었다.

20세기에 들어와서 세계는 세계화 및 정보화사회의 시대로 접어들었다. 다국적 기업이 등장하고 국경 없는 경제 전쟁이 계속되면서 젊은이들은 세계 각국으로 활발하게 이주하고 있다. 그래서 불과 100여 년 만에 세계 100여 개가 넘는 국가에 700만 명이 넘는 한민족 디아스포라가 살고 있다.

한민족 디아스포라의 특징 중 하나는 한민족의 확산과 더불어 한인 교회가 세워지며 한국 기독교가 전파된다는 데 있다. 유대인 디아스포라는 AD 1세기 초대 기독교의 전파에 네트워크 역할을 수행했다. 그래서 기독교가 세계적으로 급속히 전파될 수 있었다. 한민족 디아스포라 역시 세계 곳곳에 한인 교회를 세우며 세계 선교의 전초기지 역할을 하고 있다. 한민족이 세계 어느 곳인가에 정착하면 교회가 세워지고, 교회를 중심으로 한인 커뮤니티가 형성된다. 그리고 교회는 다시 이들을 연결시키는 강력한 네트워크 역할을 한다.

　미주 한인 기독신문 〈크리스찬 투데이〉의 집계를 참조하면 전 세계 한인교회 수는 124개국 4,687개를 넘어섰다. 각국의 한인교회 지도자들은 해외한인지도자 대회를 열어 정보를 교환하고 있다. 이들은 활발한 네트워크를 형성하며 2세 교육에 힘쓰고 있다. 주류사회와 디아스포라 사회 속에서 2세들의 성장을 돕는가 하면, 인종 및 다문화의 이해를 바탕으로 한 리더십 형성에도 도움을 주고 있다. 우리에게 비전을 제시하며 더불어 하는 희망 나눔이다.

　한민족 디아스포라는 교회를 중심으로 형성된 네트워크지만, 종교 외적인 면에서도 중요하다. 세계화 시대를 맞이하여 정치·경제·문화 등의 영역에서도 긍정적으로 벤치마킹을 할 필요가 있다.

　예들 들어 한국에서 재배하는 유기농 농산물은 한민족 디아스포라의 네트워크를 통해 판매망을 전 세계로 확대할 수 있을 것이다. 정치적인 분야에서는 2009년 2월 5일 재외 국민참정권 법안이 국회를 통과함으로써 250만 명 이상의 해외거주 한국 국적자들이 참정권을 가지게 되었다. 이 법안으로 한국의 정치 영역이 세계적으로 확대되는 발판을 마련했다. 발 빠르게 해외나들이를 하면서 해외교포의 현실을 파악하느라 동분서주하는 정치인들은 재외국민들의 마음을 얻으려고 노력하는 모습들이다. 하지만 정치와 관련 없는 이들에게도 본국과 디아스포라가 더욱 가까운 유대감을 형성하는 계기가 되고 있다.

　민족의 역사적인 아픔과 함께 시작된 디아스포라. 이제 모국과 세계에 흩어져 있는 한민족 디아스포라가 함께 손을 잡는다면 세계의 주역으로서 경쟁력을 갖출 수 있게 된다. 뛰어난 교육열과 부지런함, 세계화에 대한 신속한 변화와 현지에 대한 적응능력을 가진 우리 민족이다. 국토가 좁고 자원이 빈약하다는 지리적인 한계를 넘어서 디지털 유목민으로 흩어져 있는 민초들의 힘을 모아야 불확실한 경계사회에서 모두가 함께 살아가는 생존전략을 짤 수 있다.

우리 민족의 저력을 민초에 빗대고는 한다. 수많은 역사적 위기와 고난이 있을 때마다 강한 생명력을 가진 들풀처럼 다시 뭉치고 일어서는 민초들의 힘으로 극복해왔다. 이제 그 민초들의 삶이 경제적 위기와 급격한 변화의 물결 속에서 다시 한 번 흔들리고 있다. 변화의 패러다임은 이전 시대와는 다른 근본적인 새로운 변화를 요구하기 때문이다.

불확실한 경계사회의 주축은 이미 역량의 탁월함을 인정받은 개개인의 무리다. 이름 없고 힘없는 민초들. 그러나 그들이 아니면 국가도 기업도 제대로 존재하기 어려운 시대임을 직시해야 한다. 한국의 희망, 기업들의 희망이 길거리에서 흔히 만나는 서민이라는 민초들에게 달려 있음을 간과해서는 안 된다.

불확실한 경계사회에서 다가오는 세대를 이끌어갈 역사의 주인공들은 누구일까? 역사를 움직이는 힘은 어디에 있을까? 바로 민초들이라고 할 수 있는 서민 중에서도 인터넷을 자유자재로 활용할 줄 아는 젊은 네티즌들에게 있다. 현재의 역사가 바람직하게 굴러가길 바란다면 지구촌의 민초들인 네티즌에게 힘을 실어주어야 한다. 그 힘은 배금주의 사상으로 물든 물질에서는 나오지 않는다. 건강한 물질과 그 물질을 올바르게 사용할 줄 아는 정신세계에서 나온다.

우리의 역사를 살펴보면 나라의 저력은 소수 엘리트들보다는 민초들에게 있었다. 소수 엘리트들이 일시적으로 영향력을 발휘하긴 했지만, 강대국의 침략을 막아내며 이어온 반만년의 역사는 민초들을 포함시키지 않고는 이야기할 수 없다. 크고 작은 변화와 위기에 닥칠 때마다 수많은 민초들이 들풀처럼 일어나 결집된 지혜와 역량으로 극복하며 발전시켜왔다.

특히 역사상 세계 최대의 영역을 구축한 몽골제국의 침략과 100년간의 전국시대를 종식시키고 일본열도를 통일한 역량을 쏟아부어 침략했던 임진왜란. 이러한 위기 때마다 우리 민초들은 결정적인 응집력으로 극복해냈다.

응집력 속에는 건강한 정신이 있었다. 응집력이 네트워크를 활용하면서 비록 하드웨어적인 육체는 세계 각지에 흩어져 살아가고 있지만 각자의 지역에서 한국인임을 잊지 말아야 한다. 위기가 찾아왔을 때 보이지 않는 손의 작용으로 물리적인 공간이든 사이버 공간이든 관계없이 응집력은 나타나기 마련이다. 그러나 위기가 닥쳐와 정신적 공황이 찾아올 때 판단력을 잃어 전 세계에 흩어져 살아가는 집시가 되지 말라는 법이 어디 있겠는가? 몸은 한국인이지만 소프트웨어인 정신은 국제 미아로 살아갈 수 있다는 점도 고려해야 한다.

101일 동안 기회가 있어서 중국과 유럽 그리고 미국과 중남미 등의 국가를 돌아다니며 교육을 위해 한국 땅을 떠나서 현지화된 교포 2세들과 대화를 해보니 그들의 정신세계는 외국인에 가까웠다.

세계 각지에서 만나본 한국인들은 자녀 교육을 위해 그리고 기타 여러 목적으로 해외에 나가 있었지만 한결같이 게으름은 찾아볼 수 없었고 한국에서보다 더 부지런히 자신이 맡은 역할에서 열정적으로 살아가고 있었다. 역시 강한 민족의 뿌리를 가진 한국의 민초들이었다.

세월이 아무리 흘러도 역사를 움직이는 힘의 원천은 바로 정신이 건강한 민초들이었음을 간과해선 안 된다. 평상시에 인간들은 별다른 의식 없이 살아가는데, 인식을 함께하는 무리가 어떤 명분을 갖게 되거나 외부로부터 자극을 받으면 응집력이 커진다. 이는 나중에 상황까지도 바꿀 수 있는 집단의 힘으로 발전한다.

EBS TV에 나온 다큐멘터리 가운데 세상을 변화시키는 세 명의 효과라는 프로그램을 재미있게 보았다. 사람에게 동기부여를 하여 변화를 시도하려고 하면 몇 명이 효과가 있을까 알아보는 실험이었다.

복잡한 횡단보도에서 한 사람이 하늘을 가리키고 있다. 그러나 길 가는 사람들이 그 사람에게 관심을 가지지 않았다. 한 사람이 늘어나 두 사람이 똑같이 하늘을 가리키면서 신기해하고 사람들의 시선을 끌려고 했다. 그러나 많은 행인들 가운데 그 두 사람에게 관심을 가지는 사람은 한두 명이었다. 이번에는 세 명이 똑같이 하늘을 검지 손끝으로 가리키며 서 있었다. 놀랍게도 대부분의 사람들이 횡단보도에서 가는 길을 멈추고 하늘을 쳐다보고 있었다.

이 실험의 결론은 세 명이 움직이면서부터 효과가 있다는 것이다. 한두 사람은 동기부여를 하는데 부족했지만 세 명이 같이 움직일 때 많은 사람들의 호응을 얻었다. 그러므로 어떤 환경을 변화시키려고 하면 최소한 세 명이 움직여야 한다는 결론이 났다. 프로그램을 본 심리학자는 세 명이 모이면 집단이 형성이 되고 세 명이 같이 움직이면 그만한 타당한 이유가 있다고 여겨진다는 것이다. 그러므로 세 명이 같이 움직이면 환경을 변화시킬 수도 있고 사람을 구할 수도 있다.

2005년 10월경에 서울의 지하철에서 어떤 사람이 전동차 밑으로 빠졌다. 그때 모든 사람들이 전동차를 밀어서 그 아래에 다리가 끼인 사람을 구해낸 사건이 있었다. 그 전동차의 무게가 33t이나 나갔지만 위급한 상황에서 오직 밑에 빠진 사람을 구해야 한다는 생각으로 한 사람이 전동차에 손을 대고 밀었다. 그것을 보고 한두 사람이 시작하더니 세 명이 되면서부터 거의 모든 사람이 함께 그 전동차를 밀어내는 일에 동참하게 되고 그렇게 모아진 힘은 결국 전동차에 끼인 사람의 목숨을 구할 수 있었다.

인간은 주어진 환경에 지배당하면서 살아가는 존재다. 인간이 환경의 지배를 받지만 어떤 위기의 국면에 차하면 환경을 변화시킬 수 있는 능력도 함께 가지고 있다는 것을 보여준 사건이었다.

불확실한 경계사회에서 민초와 같은 서민들을 중심으로 하는 인재 시스템은 더욱 중요해졌다. 몇몇 엘리트들에 의해 주도되던 시대는 지나갔다. 불확실한 경계사회의 도래와 더불어 진행되는 세계화 과정에서 각 국가와 기업은 무한경쟁을 앞세운 신자유시대에 돌입했다. 그 어느 시대보다도 변화의 주기와 지식반감기가 짧아지고 있다. 현대사회는 풍성한 창의력과 정보력을 갖춘 인재풀(pool)과 시스템이 경쟁력을 좌우한다.

우리에게는 민초들에 의해 축적되어 온 지혜와 역량이 있다. 오랜 역사의 굽이굽이를 극복해온 힘이다. 여기에 불확실한 경계사회에서 방향을 잡고 성장할 수 있는 토양과 국민들의 지혜와 역량을 강화시킬 수 있는 리더십이 요구된다.

새 하늘과 새 땅이라고 할 수 있는 지평은 누구에게만 열려 있는가? 먹구름 위에도 태양은 빛나듯이 구름 사이로 새 하늘이 열리고 태양은 빛난다. 새 지평은 언제나 정신적 물리적 공간에서 이기심과 부정적인 마음을 일으키는 자기 내면과의 정신적 싸움에서 이겨나가며 개척하는 사람에게 정신적으로 자유로울 수 있는 진정한 새 하늘과 새 땅이 열려 있다는 사실이다.

새 하늘과 새 땅은 새로운 창조물이 아니라 기존 그대로의 물리적 공간이다. 정신세계에서 무의식 속에 잠겨 있는 이론에서 체감으로 일어나는 깨달음이라는 인식의 문제를 거론한 것이다.

다시 말하면 사랑하는 사람과 함께 지낸 공간이 화려한 공간이 아니어도 행복하다. 세월이 흘러 사랑하는 사람을 떠나보낸다 할지라도 시간이 지나면 지날수록 조촐한 공간조차도 아름다운 추억의 장소가 되어 평생 기억에서 지울 수 없다. 쾌락에 젖어 겉이 화려하더라도 타락한 문화는 개인이나 국가의 앞날에 희망이 없지만 경제적 또는 물리적인 힘이 있으면서 타인과의 관계에서 이타적인 정신과 배려하며 사랑하는 마음으로 연결되면 어떠한 환경에서도 불멸의 강한 민족으로 살아갈 수 있다는 희망의 메시지다.

　세상을 살아가면서 세상이 평등하다고 한다면 그것은 모순이다. 인류 역사적 측면에서 윤리나 도덕, 규범적 가치에서 정리해본다면 완벽함이란 이론은 있어도 현실에서 존재하지 않는다. 즉 삶 자체가 모순덩어리다. 따라서 어떤 문제가 발생하지 않는 집단이 있다면 부패한 집단이거나 아예 문제를 제기조차 하기 어려운 독제집단으로 정의에 침묵하거나 소통이 막혀 있는 사회나 조직일 것이다. 소통에는 어떤 문제든지 이해관계가 얽혀 있기 때문에 의견의 불일치가 반드시 뒤따른다.

　올바른 의사결정은 의견의 불일치를 투명하고 건강한 협상과정을 통해 통과해야 한다. 완전한 일치는 자유 민주사회에서 발생하기에는 드문 현상이다. 다만 어떤 상황에서도 공과 사를 분별하고 생각하는 강력한 힘이 건강한 정신에 내재되어 있어야 한다. 개인 자신의 이익을 위해 일하더라도 그것이 사회적으로 가치 있는 일인가를 구분해야 한다. 가치가 없다면 개인의 이익은 자신의 이익을 위해 타인에게 해를 끼치는 비윤리적 행동을 하고 있다는 의미다.

세계인들이 존경하는 아브라함 링컨은 전쟁이라는 극한 상황에서도 포용력을 발휘했다. 남북전쟁의 목적이 승리하는 것이 아니라 나라의 분열을 극복하고 합중국을 유지하는 것에 큰 뜻을 품고 있었다. 리더의 덕목에서 한국인이 가장 선호하는 요소는 인품이다. 그는 최고의 인품을 가지고 있었다.

링컨은 정적이었던 스탠턴을 국방부장관으로 임명한다. 스탠턴은 선거 유세 중에 경쟁자인 수염과 털이 많았던 링컨을 스프링필드에 사는 아프리카 고릴라라고 비하했다. 그런 사람을 국방부장관으로 임명하는 것을 반대하는 주위 사람들에게 이렇게 말한다.

"그는 나를 비난했지만 국방장관으로 적임자입니다. 내 사적인 감정으로 훌륭한 인재를 잃을 수는 없습니다."

후에 스탠턴은 링컨이 암살당하여 누워 있는 모습을 내려다보면서 눈물을 흘린다.

"이 세계가 지금까지 본 가장 위대한 통치자가 여기에 누워 있구나.(There lies the greatest ruler of men that the world has ever seen.)"

걸음은 흔들려도 눈앞의 이익을 위해 불나비처럼 보이는 불빛만 화려한 것을 쫓아가지 말아야 한다는 것을 말하고 싶다. 눈에 보이는 것만이 진실이 아니기 때문이다. 이 책을 읽는 당신에게 꼭 하고 싶은 말은 미래의 변화는 개척하려는 자들에 의한 것이 아니라 개척한 자에 의해 일어나고 있다.

탐욕적인 인간은 자신이 기한을 모르는 시한부 인생인지도 모르고 항상 욕망을 탐하지만 끝없는 욕망은 위기의 본질이 되는 출발점이다. 인간의 뇌는 망각의 특성이 존재하기 때문에 적절이 통제하지 않으면 문제가 발생하고 위기가 찾아온다. 천국 문으로 들어갈 때까지 가정과 직장 그리고 사회에서 내 자신의 역할이 무엇인지, 무엇이 중요한지를 늘 재점검하면서 창조적 긴장의 끈을 늦추지 말라.

10년 후 대한민국의 불확실한 미래는 현재의 지식정보사회에서 역동적으로만 바라보면 긍정적이다. 성장 잠재력이 가장 높을 수 있는 저력 가운데 대학진학률이 세계 1위이고, 문맹률은 99.99%로 세계 최저라는 사실이 명쾌하게 말해주고 있다. 하지만 사회에서 상대적인 신뢰가 깨지면서 서로에 대한 불신사회에서 높아지는 자살률, 이혼율, 범죄율 등으로 삶의 불행지수는 과거 보다 높아지고 있다. 즉 불확실한 경계사회에서 위기가 오면 경제가 성장하더라도 사람들의 연결고리인 심리적 신뢰가 무너진 사회가 되는 것이다.

사회적 지도자들이 솔선수범하며 리더의 역할과 영향력으로 따스한 복지를 넓혀가고 개인은 비윤리적인 이기심과 탐욕적 이기심을 스스로 내려놓아야 한다. 그러면 불확실한 경계사회에서 사회적 기회비용을 쉽게 낮출 수 있다. 이것이 간단한 방법 같아 보이지만 물질사회에서 탐욕을 내려놓기는 정말 어려운 문제다.

현대인들은 넘쳐나는 정보의 홍수 속에서 지식에는 강하지만 사회에서 어떤 약속을 지켜야 할 때 다양한 이유로 자신에게 불리한 약속을 쉽게 저버리는 경우를 본다. 이러한 신뢰가 무너져 내릴 때 위기가

온다.

　세상을 보면 완벽한 사회도 인간도 없지만 어떤 위기도 혼란의 과정을 거치면서 결국 발전이라는 합의단계에 이른다. 서로에 대한 신뢰가 깨진 사회라도 삶에서 시행착오의 체험을 통해 위기의 본질이 무엇인지 찾을 수 있다. 지금 내 앞의 상대방을 배려하기 위해 한 걸음 가보자. 한 번밖에 주어지지 않은 인생이란 무대가 이미 내 앞에 펼쳐져 있다. 조물주가 인생무대에서 수고했다고 내려오라며 막이 내릴 즈음 후회를 남기지 않기 위해 이왕이면 주어진 역할이 무엇이든 사회생활에서 신뢰를 가꾸면서 멋진 역할로 살자.

위기는 타이밍이다

초판 1쇄 발행	2011. 7. 21
지은이	손태영
펴낸이	방주석
영업책임	유영채
디자인	방미예
펴낸곳	도서출판 소망
주소	(110-740) 서울 종로구 연지동 136-56 기독교연합회관 1309호
전화|팩스	02)392-4232,3 | 02)392-4231
이메일	somangsa77@daum.net
홈페이지	www.peterhouse.co.kr
창립일|출판등록	1977년 5월 11일(제11-17호)
ISBN	978-89-7510-075-8 03230
책값	뒤표지에 있습니다.

도서출판 소망은 기독교문화 창달을 위해 좋은 책 만들기에 힘쓰고 있습니다.

오직 성령이 너희에게 임하시면 너희가 권능을 받고
예루살렘과 온 유대와 사마리아와 땅끝까지 이르러 내 증인이 되리라 (행 1:8)